GELD ODER LEBEN

WARUM ES HEUTZUTAGE
SO WICHTIG IST,
IHRE LEBENSAUFGABE
ZU KENNEN

Herstellung und Verlag:
BoD - Books on Demand, Norderstedt
ISBN 978-3-7412-2547-5

GELD
—ODER—
LEBEN

*WARUM ES HEUTZUTAGE
SO WICHTIG IST,*

*IHRE LEBENSAUFGABE
ZU KENNEN*

Lauretta Hickman

„Offizielle" Definitionen:

Missio (lat.): Sendung

<u>Duden:</u>

Mission:
(mit einer Entsendung verbundener) Auftrag; Sendung
(ins Ausland) entsandte Personengruppe mit besonderem Auftrag
diplomatische Vertretung

Synonyme zu Mission:
Amt, Aufgabe, Auftrag, Berufung, Bestimmung, Funktion, Pflicht, Sendung, Verpflichtung; (gehoben) Obliegenheit
Abordnung, Delegation, Deputation, Gesandtschaft, Vertretung
Auslandsvertretung, Botschaft, diplomatische Vertretung; (veraltet) Ambassade

Mission Statement - Unternehmensleitbild

Dharma (Sanskrit: dharma m.)
Ordnung, Gesetz, Brauch, Sitte, Vorschrift, Regel; Pflicht, Tugend, gute Werke, religiöser Verdienst; Natur, wesentliche Eigenschaft, Charakteristikum.

Lauretta Hickman, Teneriffa 2014

Herzlich willkommen, liebe Leserin, lieber Leser!

Ihr Interesse am Thema Lebensmission, Dharma, Berufung und Bestimmung ganz allgemein und an meiner Arbeit auf diesem Gebiet im Speziellen freut mich außerordentlich und ich wünsche mir sehr, Ihnen mit den folgenden Zeilen diesbezüglich inspirierende Unterstützung sein zu dürfen.
Ich kann Sie in der Beschäftigung mit diesem Thema nur bestärken, denn ich halte die Frage nach der eigenen Lebensaufgabe, der „Mission in Life" für eine der wichtigsten, reifsten und edelsten Fragen, der sich ein Mensch stellen kann im Laufe des eigenen Lebens und wenn ich in die Welt blicke, glaube ich, sie ist heutzutage wichtiger denn je!

Wer bin ich und was bringt mich dazu, ein solches Buch zu schreiben?

Ich bitte darum, dies nicht als Selbstdarstellung zu verstehen. Ich selbst weiß ganz gerne vorab ein wenig über den Hintergrund eines Menschen, darüber, auf welchem Wege er seine Erkenntnisse und Fertigkeiten erlangt hat, bevor ich mich auf dessen Inhalte einlassen mag. Falls das für Sie im Moment nicht so wichtig ist, fahren Sie bitte mit dem Kapitel „Doppelte Verwirrung" fort.

Ich heiße Lauretta Hickman, bin die Autorin dieser eBook-Serie und **professioneller Mission-Coach.**

Dies bedeutet: Ich begleite Menschen in ihre einzigartige Lebensmission und habe zu diesem Zweck einen recht strukturierten, gleichwohl lebensverändernden Coaching-Prozess entwickelt, der als stets gleiches Geländer ganz unterschiedlichen, individuellen Prozessen dient, was meine Arbeit auch für mich immer wieder neu und spannend bleiben lässt.

Dieser Prozess existiert in der jetzigen Form seit 2005. Tatsächlich begann meine intensive Beschäftigung mit diesem Thema aber schon um einiges früher.

Was ist der Sinn (m)eines Lebens? Gibt es ihn? Gibt es etwas, das nur von mir getan werden kann? Wer bin ich wirklich? Was verleiht meinem Leben mehr Echtheit, Tiefe, Erfüllung und Bedeutung? Wo gehöre ich hin? Wie kann ich ein Leben führen, das mich gerne auf diesem Planeten sein lässt? Was braucht es, dass ich mich hier beheimatet fühle? Wie wird mein Leben wertvoll, nicht nur für mich, sondern auch für andere?

Diese Fragen haben mich seit meiner Pubertät bisweilen gequält, bisweilen unwiderstehlich und immer wieder frisch angezogen, in jedem Fall ständig gefordert und weiterbewegt und mich damit auf eine lange und recht abwechslungsreiche Reise geschickt. Diese Reise hat begonnen, Fahrt aufzunehmen, als ich noch als Schauspielerin und Sängerin gearbeitet habe. Nach 13 Jahren in diesem Beruf stieg ich aus, weil ich wesentlicher und selbstbestimmter werden wollte. Und große Sehnsucht danach verspürte, ein Leben zu führen, in dem ich einfach ich selbst sein kann, ohne „um zu"s. Diese Sehnsucht führte zu einer Auszeit, zu intensiver Beschäftigung mit mir selbst, dem Leben und dessen Gesetzen. Heute würde ich diesen Lebensabschnitt nennen: Mein Leben als „urbane Mystikerin".

Der Weg zurück „in die Welt" war so bunt wie anstrengend: In den folgenden fünf Jahren haben mich meine Jobs zur Gelderzeugung durch unterschiedliche Bereiche der Wirtschaftswelt geschickt: Vertrieb und Marketing, Callcenter und Callcenter-Beratung|Qualitätsmanagement bis hin zu einer Tätigkeit als business development specialist für einen US-Bundesstaat. Ebenfalls dabei waren diverse Aus- und Weiterbildungen, unter Anderem eine IHK-Zertifizierung zum Vermittlungs-Coach und Fallmanager, 150 Trainingstage im Team von Dr. Chuck und Lency Spezzano, Zertifizierung zum Life on Purpose-Coach am Life on Purpose-Institut in North Carolina, um einige davon zu nennen. Parallel dazu begann sich und begann ich, meine Coaching-Praxis auf- und auszubauen.

Ich bin inzwischen ziemlich dankbar für diese sehr unterschiedlichen Universen, in denen ich gelebt habe, denn so gibt es heute kaum eine Ausgangssituation eines Klienten, einer Klientin, die mir fremd wäre.

Und ich begann vage zu ahnen, dass meine Lebensmission zuallererst etwas ist, was ich überall hin mitbringe, also eher etwas, was ich bin. Und das, was ich bin, kann sich in völlig unterschiedlichen „Handschuhen" ausdrücken, also in verschiedenen beruflichen und persönlichen Feldern.

Auf diese Weise habe ich mit der Zeit das Zitat verstanden, das übrigens nicht ganz hundertprozentig belegt, Gandhi zugeschrieben wird:

Be the Change, you wish to see in the world. Sei die Veränderung, die du in der Welt zu sehen wünscht. (1)

Das war die eine Seite.

Eine weiterer Aspekt war die Erkenntnis vom Wasser.

> *What does a fish know about the water in which he swims all his life?*
> *Was weiß der Fisch vom Wasser, in dem er sein Leben lang schwimmt?*

Albert Einstein (2) (In der Folge wurde dieser Satz verschiedenartig zitiert, eine Version davon ist: Die Fische werden das Wasser wohl zuletzt entdecken. Diese ist meine Lieblingsversion, ist aber original nicht so von Einstein gesagt worden und lässt sich nicht korrekt zuordnen.)

Wie jeder Mensch brachte auch ich an jeden Ort ein Bündel an mir innewohnenden Eigenschaften mit, die manchmal gerne, bisweilen auch nicht so gerne genommen wurden. Es dauerte eine ganze Weile, bis ich die Spiegelungen richtig zu sortieren wusste. Heute ist mir klar, dass diese drei: Commitment (3), Wandel und Tiefe - neben einigen anderen - zu meiner Mission-Grundausstattung gehören, aber das war ein kleiner Weg, diese so korrekt erkennen und benennen zu können und bewußt zu leben.

Das Commitment wurde überall gerne genommen und hoch geschätzt, es wurde wahrgenommen als hohe Fähigkeit und Bereitschaft, mich zu identifizieren - mit dem Unternehmen, den Zielen und den Menschen.

Die anderen Eigenschaften haben mich eher anecken lassen. Dieses „nie so ganz Dabeisein" hat mir allerdings dreierlei geschenkt:

- Einen Innen- *und* Außenblick für die Phänomene in Gruppen, Teams und Firmen, in denen ich mich jeweils befand.

- Ablehnung immer weniger persönlich zu nehmen.

- Und eine schärfer werdende Wahrnehmung für das, was uns alle umgibt: Das Feld, die Kultur, all das, was wir unüberprüft glauben, annehmen und weitergeben.

Mir wurde klarer, dass mein Unbehagen und meine Unfreiheit nicht (nur) aus meiner persönlichen Geschichte stammen, sondern mindestens so sehr, wenn nicht mehr, Umständen entspringen, in denen wir uns gemeinsam befinden, die wir für normal halten, für die wir erzogen und ausgebildet, also: Konditioniert wurden.

Das Wasser eben.

Und mir wurde klarer, dass es das Gleiche ist, das einen hart arbeitenden Underdog, an dessen Ende vom Geld immer noch Monat übrig ist; eine Burnout-Betroffene und einen Menschen, dem es auch mit der jüngsten Milliarde auf seinem Konto nicht gelingt, Existenzangst und Sinnlosigkeit
in Schach zu halten, verbindet.

Nie genug, zum Beispiel. Und dass alle drei nicht leben, was sie erfüllen könnte, unabhängig vom Kontostand, der es zugegebenermaßen in unserer Welt leichter machen könnte, mindestens sorgenfrei zu sein. Ein Garant dafür ist er nicht.

> *Es ist nicht schwer, Menschen zu finden, die mit 60 Jahren zehnmal so reich sind, als sie es mit 20 waren. Aber nicht einer von ihnen behauptet, er sei zehnmal so glücklich.*
> George Bernard Shaw (4)

Solange sich unser Wirtschafts- und Finanzsystem nicht ändern möchte, wird das noch eine ganze Weile so sein, dass sich ziemliche viele Menschen ein bestimmtes Lebensgefühl teilen und danach leben: Es ist das Gefühl, in diesem Leben sowieso keine Reichtümer ansammeln zu können. Solange das wahr bleibt, ist allerdings niemand gezwungen, diese „Nicht-Reichtümer" auch noch mit einer Arbeit zu generieren, die er oder sie hasst, finde ich. Das lässt sich schließlich genauso gut auf einem Gebiet tun, das ihn und sie erfüllt. Diesen Gedanken zuzulassen und mit ihm zu spielen, ist ein erster kleiner Akt der geistigen Selbstbefreiung.
Dazu sage ich später mehr.

Die vielen verschiedenen Gebiete, in denen ich unterwegs war, sehe ich heute als eine Reihe von Besuchen in völlig unterschiedlichen Häusern, um sozusagen den Einrichtungsstil der Epoche, in der ich lebe, katalogisieren zu können; das Gleiche im Verschiedenartigen, das Verbindende im Individuellen zu sehen.

Und ich habe gelernt, ein Gespür zu entwickeln für die Schnittmenge zwischen Mensch und Welt, für den Ort, an dem das Wasser der Welt in den privaten Pool schwappt *und ihn färbt.*

Ich begann zu abstrahieren und nach Gesetzmäßigkeiten zu suchen:

Wie viel von dem, was ich *glaube***, zu sein, ist tatsächlich identisch mit dem, was mich** *umgibt***?**

Diese Frage öffnete mir mit der Zeit eine riesige Box des Verstehens:
Das, was wir (genaugenommen jedes „Ich", das wir) glauben, zu sein, ist ein Ergebnis eines Gesehen/ Nicht-Gesehen-Worden Seins von außen, von Zuschreibungen und von unseren Beobachtungen anderer. Eine als ein „Ich" ausgebildete Reaktion.
Unsere Welt ist eine riesige Konditionierungsmaschine. Diese bedient sich eines unserer stärksten menschlichen Bedürfnisse: Dessen nach Zugehörigkeit.

Im Zuge dieses genauer Hinsehens und Verstehens entfaltete sich eine meiner heute stärksten Leidenschaften: Menschen an ihr gebürtliches Recht auf Freiheit, Lebendigkeit und Erfüllung zu erinnern. Und dabei behilflich zu sein, herauszuschälen, wer und was sie wirklich sind, unterhalb und jenseits all dessen, was man ihnen erzählt; von ihnen erwartet; in sie hineingeprägt, bisweilen auch nachgerade -geprügelt hat, gedanklich, verbal, emotional und körperlich, wer sie seien. Ich sehe gewissermaßen ihr Wesen in die Freiheit.

Denn auch das habe ich verstanden: Es kann nur sichtbar werden, was gesehen wird.

Eine der wichtigsten Aufgaben eines Coaches, wie ich finde: Michelangelo gleich, der den fertigen David bereits im Marmorblock gesehen hat, und den er, wie er sagte, nur freilegen musste, so ist ein professioneller Menschenbegleiter, eine Menschenbegleiterin, eingeladen, die Essenz des Menschen zu sehen, den er oder sie vor sich hat und diesem bei der Selbst-Geburt als „Hebamme" behilflich zu sein. (Um übrigens anschließend möglichst bald nicht weiter gebraucht zu werden. In meinem Beruf halte ich das Anstreben einer langfristigen Kundenbindung für tendenziell unethisch.)

Damit beschäftige ich mich seit 2006.

Ich selbst werde von meinem Leben immer weiter den Pfad meiner eigenen Mission entlang geschickt, das hört nicht auf. Was allerdings einmal begonnen hat als Weg von hier nach dort, fühlt sich heute subjektiv eher an wie ein ruhendes Zentrum, aus dem heraus sich meine Mission (Ringen auf der Wasseroberfläche nach Berührung mit einem Stein gleich) entfaltet, expandiert und vertieft.

Dieser Pfad hat mir ein unter Anderem ein Lebensarrangement beschert, in dem ich mich sehr wohl und authentisch fühle: Ich lebe heute mit Tieren in München und auf Teneriffa und arbeite dank moderner Kommunikationsmittel mit Menschen von überall aus. Also: Ich kann von überall aus arbeiten und meine Klienten kommen von überall her.

Zu diesem Buch:

Wenn ich die Zeichen der Zeit richtig lese, so ist die Frage nach der ureigenen Lebensmission, dem Sinn des persönlichen Lebens, dem vollständigen Ausdruck des wahren Selbst unterhalb der Konditionierungen, sowie die Sehnsucht nach einem authentisch geführten Leben allgegenwärtig.
Und damit brandaktuell.

Meine Besuche in ganz unterschiedlichen Arbeits- und Lebenswelten haben in mir das tiefe Begehren wachsen lassen, ein brauchbares Werkzeug zu finden für die erfolgreiche Bemeisterung der offensichtlichen Quadratur des Kreises, der Paradoxa, des Spagats unserer Zeit, in die wir Menschen eingespannt sind. Das Begehren, Tempel und Marktplatz zusammen zu bringen, oder zu befähigen, Tempel auf dem Marktplatz zu sein: Wirksam, weltlich, wesentlich, werteorientiert, selbstbestimmt, global verbunden und lebendig.

Dieses Werkzeug habe ich mit diesem Coaching-Prozess gefunden und entwickelt im Zuge der intensiven Arbeit mit meinen zahlreichen Klienten und Klientinnen in den letzten zehn Jahren.

Ich spüre, dass es jetzt an der Zeit ist, die gesamte Expertise, den Prozess und den Background einer größeren Öffentlichkeit zur Verfügung zu stellen.

An einem Buch laboriere ich schon eine Weile, schwankend zwischen der philosophisch-geistigen und der psychologischen Seite, also einer Abhandlung auf der Metaebene, und einem Handbuch zum Prozess für die konkrete Arbeit des Klienten, der Klientin mit sich selbst, den ich ebenfalls gerne zur Verfügung stellen möchte. Tatsächlich braucht es beides!

Alles zusammen wollte aber nicht so recht in ein Buch passen. Jedenfalls nicht so, dass ich das Gefühl habe, wirklich umfassend geteilt zu haben, was es meines Erachtens dazu zu sagen gibt. Menschen interessieren sich zudem auch für ganz unterschiedliche Aspekte meines Ansatzes, meiner Arbeit und deren Hintergründe, sowie des Themas ganz im Allgemeinen.

Aus diesen Gründen habe ich mich entschlossen, eine eBook-Serie zu schreiben, die nacheinander alle Aspekte beleuchtet.

Ich lege dabei weder Wert auf Wissenschaftlichkeit noch auf sogenannte Objektivität. Meine Überlegungen und Aussagen sind subjektiv, erfahrungsbasiert und kommen aus der Praxis.

An dieser Stelle darf ich außerdem noch versichern: Ich gehöre keiner Sekte und keinem Kult an. Ich habe auch nicht vor, etwas Derartiges zu gründen oder zu bilden, auch wenn das hier vorgestellte Material sich ausgezeichnet dafür eignen würde.

Die Struktur der eBook | Buch-Serie ist wie folgt:

- *Philosophie*

- *Jump Start*

- *Der Prozess 1 Off Mission*

- *Der Prozess 2 Mission*

- *Der Prozess 3 Mission Projekte*

Dieses Buch ist Nr. 1 aus der Serie Philosophie

Viel Freude damit!
Wenn Sie möchten: Schließen Sie sich zusammen mit anderen Mission Explorers auf dieser Facebook-Gruppe
https://www.facebook.com/groups/1607890879499131/
Stellen Sie mir Fragen auf meiner Webseite: http://alifeonmission.com/

Doppelte Verwirrung

Oder: Was eine Lebensmission nicht ist

Als mir der Regisseur sagte: „Mach es doch noch ein bissl „gscheader" und doofer, das kommt viel lustiger, wenn du den Freier abgreifst" und die Maskenbildnerin mir währenddessen in gelangweilter, gleichwohl gestresster Routine den pinkfarbenen Lipgloss nachzog, der sich farblich deutlich biss mit der abgenutzten roten Lackledertasche und den lila Pumps unter einer roten Leopardenhose, wurde mir mit einem Mal bewusst, was ich da gerade tat: Ich bekam Geld dafür, ein Frauenbild zu verkörpern, das mit meinem eigenen überhaupt nicht übereinstimmte, um dann, abgedreht, geschnitten und in die Serienfolge integriert, über einen Bildschirm in Tausende deutschsprachiger Wohnzimmer zu blubbern. Mit meiner Unterstützung, also. Und ich verspürte, zusammen mit jähem Widerwillen, plötzlich eine Art Bildungsauftrag.
Ich merkte während dieses Drehs, dass ich es müde war, fremder Leute Geschichten zu erzählen. Ich wollte Geschichten erzählen, die ich erzählen will. Ein ketzerischer Gedanke in einem Beruf, der davon lebt, dass ich als Schauspielerin Medium bin, Medium des Autors, der Rolle, des Regisseurs. Darin hat meine Lust und mein Kunst zu bestehen. Weitestgehend jedenfalls, mit kleinen Spielräumen.

Als Berufsanfängerin, etwa 12 Jahre früher, war ich noch getrieben von der Jagd nach Ruhm und Karriere und dachte, das sei so etwas wie ein Ort. Ein Ort, an dem ich glücklich, sorgenfrei, von allen geliebt, angekommen und ausgefüllt sein würde.

Damals war ich bereit, jede|n, der oder die sich mir in meinen Weg Richtung Ruhm oder Karriere stellen wollte, als potentiellen Feind zu betrachten. So hatte ich es gelernt. Ich litt darunter, noch nicht in der Elite angekommen zu sein. Ich litt aber auch darunter, soviel lächeln und mich prostituieren zu müssen, bevor ich überhaupt dazu kam, das zu tun, was mir wirklich Freude bereitet hat - Spielen. Rollen erarbeiten, Figuren beleben.

Ich litt unter dem Machtgebaren, das mich entweder überanstrengte oder als Verliererin zurückließ. Scheinbar war ich nicht narzisstisch genug. Abgesehen von einigen Begegnungen mit großartigen und sehr bescheidenen Kollegen, lernte ich, was Ruhm in Menschen anrichten kann. Dazu kam, dass die meisten Regisseure Männer waren. Es gab auch mehr Rollen für Männer. Und interessantere.

Ich erlebte daher also fast mörderische Konkurrenzkämpfe unter Frauen, die ein ganz logisches Ergebnis des doch recht hoch bezahlten Preises für Erfolg waren: Gefällig sein, gut aussehen, perfekt sein, Klinken putzen, „Neins" sportlich nehmen, zum Objekt gemacht zu werden, alles annehmen müssen, weil zwischen künstlerischem Anspruch und der Miete die Miete siegt. Und bei all dem professionell gut drauf wirken und lächeln, da man sonst den Job ganz sicher nicht bekommt. Tatsächlich ist auch die sogenannte Besetzungscouch kein Klischee. Frau muss sich da zwar nicht draufbegeben, aber sie muss damit in Kauf nehmen, für Selbstachtung eine Rolle eben nicht zu bekommen.

Ich erinnere mich noch an das Casting bei einem weltberühmten Regisseur, der plötzlich mittendrin seine Sonnenbrille aufsetzte. Um besser "mustern" zu können, wie ich später erfuhr. Dafür war er bekannt, das war eine Art „Markenzeichen" von ihm.

Ich weiß wohl, dass das in anderen Branchen nicht anders ist. Ich denke da an die Vorstellungsgespräche, zum Beispiel, in denen mit lockerer Hand auf dem riesigen Bewerbungsstapel dem Bewerber unzulässige Fragen gestellt werden. Oder an jemanden, der -dankbar, bis dato nicht wegrationalisiert worden zu sein-, nun großzügigerweise bei gleichem Gehalt den dritten Job mit übernehmen „darf" - oder gehen muss.

Diesen ersten „Kuss der Kultur" wie ich es heute nenne (auf diese Weise „geküsst" wird jede|r von uns irgendwann und das hat auch etwas Gutes, darauf werde ich noch genauer eingehen, im Kapitel Post Burn Out) - habe ich eben als Schauspielerin empfangen. Also im „Brot und Spiele"-Bereich unserer Gesellschaft.

Jedenfalls schwante mir, dass ich mich, wenn ich weiterhin in diesem begehrten, glamourösen Fluss schwimme, in dem man tatsächlich viel Geld verdienen, Aufmerksamkeit erhalten und Spaß haben kann, an die Regeln gewöhnen würde: Mich von außen zu betrachten, meinen Körper, mein Aussehen und mein Können als Kapital, als Ware zu sehen. Dies würde zu einer festen, alltäglichen Sichtweise. Die sich eines Tages gegen mich richten würde. Weil ich zu dick, zu hässlich oder auch zu alt, nicht länger gewollt sein würde, weggeworfen, weil „die Leute das nicht länger sehen wollen". Diese Sichtweise kann einen ziemlich zerstörerischen Selbstbezug bewirken. Viele Leute erholen sich schlecht bis gar nicht davon.

Ich begriff auch mit der Zeit, dass „Ruhm" Abhängigkeit bedeutet. Von Publikum, Fans, Agenturen, Zeitgeschmack, Sympathien und Antipathien, von den Menschen, die ihr Geld mit mir machen. Wenn jemand glaubt, dass mit mir kein Geld zu machen ist, werde ich eben nicht gebucht.

Ich realisierte, dass ich mich umso mehr verlor, je mehr und je länger ich mich diesen Gegebenheiten, wie sie nun mal sind, anpasste. Und dass mein Wertgefühl mir selbst gegenüber in dem Maße fühlbar sank, indem ich mich daran gewöhnt hatte, den Wert an etwas im Außen zu knüpfen und indem ich bereit war, dafür Sand zu fressen: Höhe der Gage; Namhaftigkeit des Theaters, des Regisseurs; Größe der Rolle; Gunst des Intendanten; Liebe des Publikums.

Nun war ich aber von Menschen umgeben, für die das alles normal schien. Die an ihrem Traum(-Beruf) festhielten, obwohl er tatsächlich für die Wenigsten ein wahrgewordener Traum ist. Und die Kompromisse vor sich selbst verbargen.

Diejenigen, die es geschafft hatten, sahen exklusiv und gönnerhaft nach unten, und die, die es noch nicht geschafft hatten, sahen mit grimmiger Sehnsucht und Neid nach oben. Und nach links und rechts. Alles ganz normal.

Natürlich gab es auch schöne Zeiten. Es gab immer wieder erfüllende und großartige Momente, gerade so viele, dass ich weitermachte. Als ich in diesem 13. Jahr meiner beruflichen Tätigkeit eine kleine Bilanz zog, stellte ich fest, dass es genau eine Fernseh- und drei Theaterproduktionen gegeben hatte, in denen ich wirklich glücklich, erfüllt, gefordert und in meinem Element war. Das erschien mir als zu wenig in der Gesamtbilanz.

Mir kam in gewisser Weise entgegen, dass ich im gleichen Jahr, interessanterweise ein Jahr, in dem ich nur Prostituierte und Nonnen zu spielen hatte, das Vergnügen hatte, mit einer früheren weiblichen Filmlegende zu drehen. Was ich sah, erschreckte mich tief.

Einem völlig menschenverachtenden, manipulativen Verhalten, das das ganze Team durcheinanderbrachte, wurde nachgegeben, da Zeit ja Geld ist und bei einer so großen Produktion sehr teuer werden kann. Es gab jeden Tag eine neue persönliche Garderobiere und eine neue Krankenschwester, da die beiden vom Vortag fluchtartig das Set verließen. Sie wurde angelächelt und mit „Bussis" überschüttet, weil sie allen recht schnell begreiflich gemacht hatte, dass sie nur dann ihren Text konnte. Mehrere Menschen, unter anderem der Kameramann, verletzten sich körperlich schwer. Wir „Übrigen" bekamen die geballte Aggression ab, die in diesem Spiel entstand. Das war also die Auswirkung von frühem, langjährigem, nun vergangenem Ruhm einer einzigen Person innerhalb eines Teams von mehreren hundert Menschen. Mich ließ diese Erfahrung zurück mit einer Mischung aus tiefem Mitgefühl und heftigem Zorn.

Mein Ausstieg wurde mir damit leichter gemacht. Er fühlte sich dennoch an wie Scheitern und wurde mir von meiner Umgebung auch so ausgelegt.

Ich hatte mich zu diesem Zeitpunkt bereits einige Jahre mit persönlicher, psychischer und geistiger Entwicklung beschäftigt. In Tausenden von Büchern, Seminaren und Weiterbildungen zu Kommunikation, Psychotherapie, NLP, AVATAR, Meditation, Tantra und Körperarbeit.

Nach meinem Ausstieg blieben in mir zwei brennenden Fragen übrig: Wer bin ich wirklich und gibt es da etwas, was mich trägt, wenn alle äußeren Sicherheiten wegfallen? Genaugenommen war es die Frage nach Gott. Ob es ihn oder sie gab. Für mich. Alles andere war bedeutungslos geworden für mich. Und, falls es ihn oder sie gab, wie er oder sie mit mir sprach. Was er|sie von mir und für mich wollte.

Und ich wollte das persönlich und intim erfahren, nicht durch einen Lehrer, in einer Kirche oder einem Workshop.

Zum Glück hatte ich als freischaffende Schauspielerin bis zu diesem Zeitpunkt schon mehrere Male geübt, der Existenzangst standzuhalten und ihr nicht zu gestatten, mein System zu fluten. War ja auch immer gut gegangen bis dahin. Zum Anderen hatte ich durch Fügung ein kleines finanzielles Polster, das es mir ermöglichte, ein wenig durchzuatmen. Ein guter Start also für meine Auszeit.

Ich denke, damals hat sich, ohne dass mir das recht bewusst war, einer meiner Wesenskerne gezeigt: Wahrhaftigkeit. Die umgesetzte Sehnsucht, die Freiheit also, alles denken, fühlen, sagen und fragen zu dürfen. Eigene und andere Motive bis an den Grund überprüfen zu können, bis nichts mehr übrig bleibt außer lautere Essenz. Echtheit. Pures Sein. Ich wollte mich zeigen dürfen, wie ich bin. Und ich wollte, dass andere das auch dürfen.

Tatsächlich schaffe ich heute, neben dem Umstand, dass ich mir selbst uneingeschränkt erlaube, so zu sein, Räume, in denen Menschen pur sein dürfen. Das ist mir ein tiefes Anliegen. Es zeigt sich immer Schönheit.

Insgesamt waren das etwa zweieinhalb Jahre, in denen ich die meiste Zeit nur „innen" war. Mit Gebet, Meditation und geistig - spiritueller Praxis „beschäftigt". Es gab Phasen darin, in denen ich wochenlang mit Niemandem gesprochen habe. Als ich wieder damit begann, war das, was ich sagte, für viele Menschen recht unverständlich, dies war allerdings beidseitig der Fall. Ich verstand wahrlich die Welt nicht mehr. Was bringt Menschen nur dazu, so bewusstlos und getrieben zu rennen? Und wonach bloß?

Ich erlebte erstaunliche Phänomene und erfuhr mehrere Male etwas, was sich wohl am besten mit Initiation, mit Einweihung beschreiben ließe.

Meine hellfühligen und -sichtigen Fähigkeiten nahmen zu, ich durchlief Phasen konstanten uneingeschränkten Eins-Seins und völliger Glückseligkeit. Ich erlebte also nach einer Weile genau das, was ich suchte. Auf wundersame Weise war meine Existenz, auch nach Ende meines kleinen Polsters, materiell noch eine Weile getragen, wenn auch nicht auf hohem Niveau, aber das war nicht mein Interesse.

In dieser Zeit als „urbane Mystikerin" habe ich sicherlich einen Selbstbezug gefunden, der - vollkommen unabhängig von äußeren Umständen - ruhig ist, klar und die meiste Zeit freundlich mit mir selbst. Ein Geschenk von unschätzbarem Wert, wie ich heute finde. Dieser „Errungenschaft" war ich mir damals aber noch nicht bewusst.

Der Wendepunkt kam, als ich zum Einen das Gefühl hatte, ich sei nun „fertig", hätte also alles erreicht, was ein menschliches Wesen an Verwirklichung erreichen kann. Und meine Anwesenheit hier wäre nicht länger vonnöten. Ich saß da, in meinem Zimmer, auf dem Stuhl und bat Gott, diese allmächtige, persönlich anwesende und wahrnehmbare, gestaltende, liebevolle Intelligenz, mich jetzt zu „holen". Denn ich sei ja jetzt fertig.

Nichts passierte.

Etwas Peinlicheres lässt sich kaum denken, für mich jedenfalls aus der heutigen Rückschau. Ich saß für eine Woche in diesem Zimmer in völliger Hingabe und in der festen Annahme, dass nun mein Übergang anstünde.
Bis ich widerwillig einsah: Gott hatte wohl andere Pläne mit mir. Dies zeigte sich auch darin, dass der Fluss der wundersamen Versorgung begann, sich in ein Rinnsal zu wandeln.

Etwas musste geschehen, soviel war klar. Ich hatte zu handeln, hatte aber keine Ahnung, in welche Richtung. Ich war weltentrückt und am Ende meiner Antworten. Dies zwang mich buchstäblich auf die Knie. Ich bat drei weitere Tage, tief gebeugt und in vollkommener Ahnungslosigkeit, um einen Hinweis. Was ich ab jetzt tun sollte, wie Gott es beliebte, sich durch mich auszudrücken, was sein, ihr Plan für mich und mein weiteres Leben sei.

Die Antwort erhielt ich zwei Wochen später. Ein Freund kam zum Frühstück und hatte unvermittelt eine Art Nervenzusammenbruch. Ich arbeitete spontan mit ihm, stand ihm bei, begleitete ihn hindurch und hinterließ damit offensichtlich bleibenden Eindruck. So sehr, dass er eine Freundin schickte, diese wiederum eine Bekannte und binnen zwei Monaten hatte ich in meinem Wohnzimmer drei Sessions pro Tag, ohne jemals Werbung gemacht zu haben. Die Antwort war klar. Zunächst. Menschenbegleitung also.

Zum Anderen begannen nun auch die weltlichen Gesetze langsam zu greifen: Steuer, Finanzamt, Miete, Krankenkasse. Plötzlich zwangen mich die gesetzlichen Anforderungen, mich wieder in die Welt zu begeben auf ganz normale Weise. Geld wollte verdient werden, ich hatte mich beruflich zu definieren, aber in welcher Form?

Mein Weg zurück wurde zu meiner Feuerprobe. Zwischen Brotjobs und Berufung war ich bestrebt, den Rufen zu folgen und sie überhaupt korrekt zu erkennen. Ich gab jedem Job einen inneren Anlass. Ich hatte erstaunliche Erfolge in Sales und Marketing, offenbar, weil es mir wichtiger war, bei den jeweils angesprochenen Menschen für diesen Tag eine drei Grad bessere Laune zu hinterlassen, als sie dazu zu bringen, etwas zu buchen, zu kaufen, abzuschließen oder einen Termin mit uns zu machen.

Dennoch war ich weiterhin getrieben: Was ist es genau? Wo ist es denn jetzt? Was soll ich tun? Wo ist denn nun mein Platz? Ich befand mich immer wieder in Gewässern, in denen Menschen sich verstellten, bereit waren, sehr merkwürdige Dinge für Geld zu tun, entweder weil die Not hoch war oder die materielle Gebundenheit auf hohem Niveau. Gewässer, in denen Abwertung und Aggression als Führungsstil verkauft wurden. Ich bekam das Gefühl, Weltwirtschaft sei eher Krieg als „Handel unter Freunden". Ich wollte daran etwas ändern (der Ruf!), aber was? Wie? Und in welcher Gestalt?

Und eckte dabei überall ein bisschen an, auch wenn Menschen sich gleichzeitig manchmal seltsam angezogen fühlten von mir. Ich hatte keine Ahnung von meiner Wirkung und verstand das widersprüchliche Feedback oft nicht.

Insgesamt fühlte mich eher unfrei unter unfreien Menschen in einer unfreien Welt. Und dachte immer noch, es ginge dringend darum, etwas zu tun, um das zu ändern. Oder etwas zu haben. Zu erreichen. **Bis ich schließlich verstand, dass genau das, dieser Gedanke, ein Problem darstellte und ich genau damit Teil des Problems blieb, das mich umgab.** Denn alles, was ich bestürmte, aus Widerstand und Ablehnung; aus dem Urteil, dies sei falsch; aus dem Gefühl heraus, dem entkommen oder entrinnen zu wollen oder es verbessern zu müssen, machte die Umstände, gegen die ich anrannte, zum Einen manifester, und band zum Anderen meine gedankliche Konzentration, verwickelte mich in sinnlose Kämpfe und bescherte mir enorme Frustration, da mein Wohlbefinden vom erfolgreichen Ergebnis abhing.

Diese Phase ist nun etwa fünfzehn Jahre her. Neben den vielen Erfahrungen in völlig unterschiedlichen Bereichen, - ehrenamtlichen Engagements und geldwerten Aktivitäten -, die mir umfassenden Einblick gaben in die Problematik des modernen bzw. postmodernen Menschseins, ist eines konstant geblieben: Gott als mein Referenzpunkt, vor ihm|ihr habe ich zu bestehen, der Dienst in seinem|ihrem Namen gibt meinem Dasein Freude, Zweck und Sinn. Alles Andere ist untergeordnet.

Meine Absicht ist es, die Früchte meiner Reise zur Verfügung zu stellen, so dass der eine oder die andere FinderIn es etwas leichter hat, den eigenen Platz zu definieren. Beginnen wir also damit!

Hier kommt meine erste Einladung an Sie:

Begeben Sie sich doch einmal auf eine kleine kulturelle und reale Forschungsreise und befragen Menschen in Ihrem Leben, bekannte oder fremde, ob sie glauben, dass es so etwas wie eine individuelle Lebensaufgabe, eine „Mission in Life" gibt. Und diejenigen, die diese Frage mit „Ja" beantworten, stellen Sie eine weitere Frage: *Und?*
Was glauben Sie, was glaubst du, was das ist? Konkret in Ihrem|deinem Fall oder generell?

Etwa 30 Menschen dürfen es schon sein, um einen repräsentativen Schnitt zu erhalten. Was am meisten Spaß daran macht, ist die Überraschung. Sie werden Sachen von Menschen zu hören bekommen, von denen Sie das nie gedacht hätten. Positiv wie negativ.

Notieren Sie sich alle Antworten. Danach werten Sie Ihr Ergebnis aus und schauen, ob Ihnen etwas Bestimmtes auffällt, etwas, das ungefähr 70% aller Antworten miteinander verbindet. Auf der nächsten Seite sage ich Ihnen, was das ist.

Hier kommt die Auflösung.

Ich bin mir sehr sicher, dass Antworten wie "Glücklich sein", „Zufrieden sein" in der Minderzahl waren. Sie werden wesentlich öfter gehört haben:
Eine Familie haben, Kinder großziehen. Mein Beruf. Menschen helfen. Karriere machen. Einen guten Job haben. Freunde haben. Menschen glücklich machen. (Oder gesund. Oder satt). Mehr Bildung in die Welt tragen. Seine Bildersammlung; ihr Weingut; seine politische Tätigkeit. Aufklären, retten, heilen, bringen, dafür sorgen, dass..., leiten, unterstützen, pflegen, machen.

Mindestens 70% aller Antworten beziehen sich auf **Tun oder Haben.**

Die kulturelle Sichtweise auf eine Lebensmission ist also das, **was ein Mensch im Laufe des eigenen Lebens tut oder sich erwirbt** *an materiellen oder geistigen Gütern.*

Es ist für uns selbstverständlich, dass eine Lebensaufgabe mit dem Tun beginnt. Dass unser Leben erst in der sichtbaren Welt stattfindet. Dass wir erst dann sind, wenn wir etwas tun. Oder haben. *Da draußen*. Wir hinterfragen das gar nicht.

Das war mein „Ort". Sie erinnern sich?

Tatsächlich sagte *Gandhi* (falls er es tatsächlich gesagt hat, siehe Anhang):

„*Be the Change you wish to see in the world*".

Es heißt ja nicht "Do the change". Oder "Have the Change" Es heißt Be. Sei die Veränderung, die du in der Welt zu sehen wünschst. Gehandelt hat er selbst ja aber auch, und wie wirksam! Was könnte er also damit genau gemeint haben - falls er das wirklich gesagt hat? Letztlich ist es gleich, finde ich, denn der Satz stimmt für mich vollkommen.

Sehen wir uns folgende Grafik an:

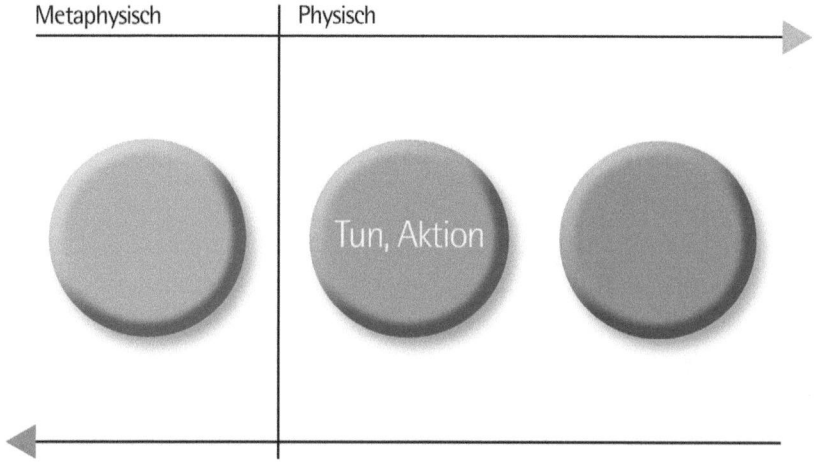

Sie sehen drei Kreise zwei Pfeile. Wenn in der Mitte „Tun, Handlung" steht und wir dem oberen Pfeil folgen, dann steht vermutlich was im rechten und was im linken Kreis?
Überlegen Sie bitte kurz und kommen Sie zu einer Entscheidung.
Die Auflösung kommt auf der nächsten Seite.

Im linken Kreis steht „Sein". Im rechten „Haben, Ergebnis"
Sie können sich außerdem oben rechts, neben „physisch" noch „sichtbar" notieren und über „Sein", neben „metaphysisch" dementsprechend „unsichtbar".
Was sehen Sie noch? Unter dem Pfeil von Sein übers Tun zum Haben, gibt es noch einen in die andere Richtung.
Und eine Trennungslinie zwischen „Sein" und „Tun".
Um sich nun der nichtkulturellen, also der Mission-Definition zuzuwenden, arbeiten Sie bitte mit dieser Grafik.

Notieren Sie bitte zunächst alles, was in den Seins-Kreis gehört. Also: Für Sie zugehörig zu unserem Menschsein, aber metaphysisch ist.
Hier geht es darum, alles zu sammeln, was unsichtbar ist, uns aber bewegt, alles, was in unserem Inneren abläuft und erst gesehen werden kann, wenn es zu körperlichem Ausdruck - Mimik, Gestik - oder einer Handlung führt.

Um sich das zu verdeutlichen, können Sie einen kleinen zusätzlichen Pfeil vom Seins-Kreis zum Tun-Kreis, durch die Längslinie hindurch in einer anderen Farbe einzeichnen. Er steht für: Motiv. Oder: Beweggrund.

Nun überlegen Sie: Was alles setzt Sie denn in Bewegung? Was hat Sie bewogen, sich dieses Buch zu besorgen? Es zu lesen? Die Seite umzublättern? Was musste gegeben sein? Neugier? Ungeduld? Verzweiflung?
Welcher Oberbegriff fasst diese Begriffe zusammen?

Gefühle, genau.
Was noch? Was ist das, was den ganzen Tag unaufhörlich im Hintergrund abläuft, von uns bisweilen wahrgenommen, bisweilen ignoriert, während es uns steuert?

Das Denken! So ist es. Der Verstand.
Man sieht ihn nicht. Dabei ist er ein unglaublich mächtiges Instrumentarium.

Gedanken und Gefühle haben eine nur schwer zu trennende Wechselwirkung. Je nach Gewohnheit und Programm eine segensreiche oder unheilvolle. Was Sie denken über das, was sie sehen und erleben, löst Gefühle aus. Dies erschafft

Sichtweisen (gehört ebenfalls in den Seinskreis), Meinungen, Haltungen (Seinskreis!), die oft weder Ihnen noch den Menschen um sie herum dienen und die manchmal sogar sehr schmerzhaft sind.

Haben Sie sich schon einmal bewusst gemacht, dass niemand Sie zwingen kann, auf bestimmte Weise über sich selbst zu denken? Zum Beispiel, dass Sie wertlos sind. Oder sich entsprechend zu fühlen. Es kann aber durchaus sein, dass dies zum Beispiel ein Antreiber, ein Motiv ist für Sie - sich Dinge zu erarbeiten, um sich nicht mehr wertlos zu fühlen.

Was braucht es also für: *Ich will und werde beweisen, dass ich wertvoll bin* - was ist das?
Absicht, Entscheidung, Wille, Wunsch, Ziel. Gehört alles ins Sein.
Was noch? Lassen Sie Ihr Denken schweifen... was gehört alles zu uns, das uns, unsere Handlungen und Ergebnisse steuert, beeinflusst, bewegt - aber nicht sichtbar ist?

Ich lasse hier Platz für Ihre Ideen. Auf der nächsten Seite schreibe ich dann einige Begriffe bisheriger Sammlungen auf.

Was gehört alles in den „Sein"- Kreis?

Gedanken, Denken, Verstand, Gefühle, Emotionen, Wahrnehmung, Empfindungen, Ziele, Absicht, Wille, Meinung, Haltung, Wunsch, Glaubenssätze und -systeme, Überzeugungen, Werte, Weltbild, Zustand, Sichtweise, Glaubensrichtung, Wissen. Geist. Zuneigung. Abneigung. Bewusstsein. Bewusstheit. Erziehung. Kultur. Glaube. Sprache. Gedächtnis. Musik. Vorstellungskraft. Wahl. Unterbewusstsein. Unbewusstes. Entscheidung, Sichtweise. Reaktion. Impuls. Intuition.

Wenn einige dieser Begriffe in *Ihrem* Sein-Kreis stehen, haben Sie verstanden, worum es geht!
Gehen wir also einen Schritt weiter.

Ich nehme an, wir sind uns einig darüber, dass ohne Impuls keine Handlung entstehen kann.

Auch wenn es möglicherweise „da draußen", also im „Haben" - Bereich etwas gibt, was ich haben möchte... erst ein Impuls *aus dem eigenen Inneren* wird mich in Handlung und Bewegung versetzen können, um „es" zu bekommen - was immer es ist.
Oder, obwohl ich es unbedingt will, mich bremsen, weil es einen Konflikt gibt: Zum Beispiel gespeicherte emotionale Erinnerungen von Scheitern und Vergeblichkeit in der Vergangenheit, die sogenannten Konditionierungen, die gleichzeitig mit dem Begehren „zünden". Weswegen ich mich möglicherweise gar nicht in Bewegung setze, um unterwegs diese Gefühle nicht wieder haben zu müssen. Oder mit einem zusätzlichen, recht anstrengenden inneren Auftrags-Paket, unterwegs alles „töten" zu müssen, was nach potentiellem Scheitern aussieht. Weswegen unsere Aufmerksamkeit mindestens zweigeteilt ist. Auf das, worauf wir zugehen und auf das, was wir um jeden Preis vermeiden wollen.
So ein inneres Arrangement gibt gemischte Ergebnisse. Eine hübsche Portion von beidem.

Unsere Gefühle und unser Denken haben natürlich eine Verbindung mit dem „Draußen".

In unserem Seins-Kreis sind abgespeicherte Erfahrungen mit dem „Draußen". Das „Draußen" sind in dem Fall andere Körper, die Welt, die Natur, die gesamte materielle Ebene, auf die wir seit Anbeginn dieses Lebens treffen und die auf uns einwirkt.

Wir fühlen/denken/entscheiden etwas. Daraus folgt eine Handlung. Diese führt zu einem bestimmten Ergebnis. *Handeln* bildet dabei die Brücke von innen nach außen, zwischen Ihnen und dem, was Sie haben wollen. Zwischen unsichtbar und sichtbar.
Das ist der obere Pfeil.

Gleichzeitig wird jedes *Haben,* also jedes Ergebnis und jeder Besitz Rückwirkung haben auf unsere emotionale Welt. Eine heiße Herdplatte speichert sich fest als schmerzhaft ab. Eine erste Liebe, die nicht gut ausgegangen ist, ebenfalls. Oder der Jubel der 500 Menschen beim Sieg im 300-Meter-Lauf. Das ist der untere Pfeil.
Ihr Ergebnis wird übrigens, auch das ist wirklich wichtig zu wissen, immer kongruent sein mit dem stärksten Motiv in Ihnen. Das stärkste Motiv, egal ob es Ihnen bewusst oder unbewusst ist, wird sich stets durchsetzen.

Das Ergebnis entspricht immer der Absicht. Dr. Chuck Spezzano **(5)**

Wie sonst wäre es möglich, dass zwei Menschen das Gleiche tun und entgegengesetzte Ergebnisse erzielen? Oder anders herum - völlig konträr handeln und zum gleichen Ergebnis kommen?

Zum Beispiel: Wenn ich „einfach eine Beziehung haben" will - so ist es möglich, diesen äußeren Zustand durch entsprechende Handlung herzustellen. Ich „habe" einen Menschen, mit dem ich eine „Beziehung habe".
Dabei ist noch nicht definiert oder berücksichtigt, wie ich mich mit diesem Menschen *fühlen* möchte, was ich mit ihm erleben, erschaffen, bauen, vertiefen möchte.

Oder: *Ich will eine Beziehung haben, um mich nie wieder alleine oder zurückgewiesen zu fühlen.*

Selbst wenn ich das Richtige dafür tue... mich angenehm mache, den Anderen zum Lachen bringe, zärtlich bin, ein „guter Partner" oder „gut im Bett", für Spaß und Abwechslung sorge, gut zuhöre... (also alles Dinge, von denen ich gelernt habe, dass sie zu einer funktionierenden Beziehung gehören und die bei Menschen, die ich kenne, möglicherweise völlig aufgehen) - früher oder später wird sich das eigentliche Motiv „Allein sein" und „Zurückweisung" durchsetzen, egal, ob ich dagegen rebelliere, es ausgleiche, wiedergutmache, es besser mache, es aussperre, mich davor schütze, alles dafür tue, damit nie wieder... Denn meine Handlungen und meine Kommunikation basieren, mindestens zu einem stärkeren Teil, darauf. Dies ist eine Quelle der Verzweiflung für viele Menschen. *Nun tu ich doch schon alles, warum passiert mir das immer wieder? Und er oder sie macht das genauso oder noch nicht mal die Hälfte davon und hat eine glückliche Beziehung?*

So ist der biblische Satz gemeint:

> *An ihren Früchten sollt ihr sie erkennen.* (6)

An den Ergebnissen, den äußeren Umständen eines Menschen lassen sich stets und zuverlässig die Zusammensetzung seiner primären Motive ablesen. Sie sind die Wurzel seines Fruchtbaumes. Gleichgültig, ob es das ist, was er oder sie *bewusst* will.

Ein anderes Beispiel: Ich sorge dafür, dass ich viel Geld habe. Denn viel Geld sichert mir die Anerkennung von Frauen, meinen Eltern und der Gesellschaft.

Das ist eine Prägung, die eher bei Männern zu finden ist, um mal einen kurzen Ausflug in die Geschlechterthematik zu machen. Die Einladung unserer Gesellschaft an Frauen an der Stelle ist, eher keine Selfmade-Millionärin zu werden, denn bei Frauen ist das (noch) eher suspekt. Ganz davon abgesehen ist es auch schwieriger, weil sie nach wie vor weniger verdienen als Männer. Einen reichen Mann zu *haben* hingegen, ist nach wie vor, jedenfalls halbbewusst

und überkommen aus den letzten Jahrtausenden, der Move einer intelligenten Frau. Wie sonst wäre es zu erklären, dass es immer noch junge Frauen gibt, die inmitten ihres Studiums sagen: *Ach na ja, und wenn mir das zu anstrengend wird mit der Karriere, dann heirate ich eben und bekomme ein Kind.* Da haben wir es wieder, das Haben.
Sei gut, aber nicht zu sehr. Hab Geld, aber nicht mehr als dein Mann. Profitiere von ihm, aber bedrohe sein Ego nicht. Lass ihm seinen Willen und gib ihm das Gefühl, es war seine Idee, während du eigentlich alles lenkst. Frauen, die diese Deals eingegangen sind, erkennen einander.
Alles entspringt Jahrtausende währender Konditionierung. Motiv und Früchte.

Wenn also, wie oben beschrieben, mein Motiv ist, die Anerkennung meiner Eltern zu bekommen... oder den Mangel an Anerkennung mittels Geld endlich abzustellen - dann werde ich mich wie fühlen? *Nicht anerkannt.*

Wenn ich also eine Handlung unternehme, „um zu"... also um ein bestimmtes Ergebnis zu haben, das ebenfalls einem „um zu" dient... werde ich die Früchte nicht genießen können, da sie mir das Gewünschte nicht verschaffen... denn das Gewünschte ist „innen"- im eigenen Hoheitsgebiet: Mein Denken, mein Fühlen, meine Gewohnheiten.

Die Früchte können daher also entweder so aussehen: Äußerlich „passt alles", aber es bleibt da diese Leere. Denn die Idee geht nicht auf: Dass etwas von außen etwas anderes oder jemand anderen im Außen dazu bringen kann, mir das zu geben, was in meinem Inneren Schmerzen, Leere, Wertlosigkeit oder Mangel verändern würde.
Oder so: Die Früchte, die Ergebnisse, gehen mir verloren und ich lande immer wieder in den Lebensumständen, dem Zustand, für den ich eben nicht anerkannt, geliebt oder wert geschätzt wurde - *weil sich das stärkste Motiv durchsetzt.* Das stärkste Motiv kann auch das schmerzhafteste sein und ist es oft.

Das heißt also, meine Lebensumstände passen zu meinem Geisteszustand, innen und außen passen zusammen, aber ich leide darunter.
Oder: Meine Lebensumstände spiegeln perfekt wieder, wer ich gerne wäre,

aber ich kann es nicht fühlen und genießen. Das alles bedeutet mir nichts. Enttäuschung, da ich mich doch anders fühlen *sollte*, wenn ich in mein Leben schaue, es aber nun mal nicht *tue*. Innen und außen passen nicht zusammen (z.B. Meine Eltern verweigern mir immer noch ihre Anerkennung, egal wie viele Mitarbeiter oder wie viel Geld ich habe.).

Dazu kommt noch, dass wir Menschen die erstaunliche Neigung haben, zu behalten, was uns bekannt vorkommt, selbst wenn oder obwohl es wiederholt schmerzhaft ist.
Das kann bedeuten, dass wir andere Menschen, andere Jobs, andere Verfahrensweisen probieren und trotz des gleichen emotionalen oder äußeren Ergebnisses immer weiterhin glauben, das neue Spielzeug, die nächste Frau, der nächste Arbeitgeber, die nächste Million oder die nächste Party würden uns jetzt endlich doch geben, wonach wir uns sehnen.

Der einzige Ort, Gefühle zu erzeugen, zu bearbeiten und zu ändern ist aber das eigene Innere. Und Bewusstheit ist und bleibt der Schlüssel.
Für alles.

Auf diesem Weg, den ich für den einzig möglichen halte, um ein freier Mensch zu sein und zu werden, haben wir allerdings nicht nur Freunde.
Beispielsweise unsere Volkswirtschaft - sie lebt davon, dass wir konsumieren, mehr Spielzeuge haben wollen, unsere Güter schneller erneuern; unseren eigenen Wert am Geldwert und an unseren Besitztümern bemessen. Dafür werden wir in einer stetigen Botschaften-Flut stimuliert, die nach wie vor induziert, dass etwas „da draußen" uns glücklich machen könnte.
Außerdem wird uns suggeriert, dass wir arbeiten, hart arbeiten oder viel Geld haben müssen, um „sicher" zu sein. Also: Um die Existenzangst in Schach halten zu können.

Wer sein Business betreibt, um die Existenzangst in Schach zu halten, dem „Druck" zu entkommen... behält die Angst als Antreiber. Selbst wenn der Blick auf den Kontostand sagt, dass sie unnötig ist. Ebenfalls ist die Lebensfreude dann von einem bestimmten Kontostand abhängig.

Wenn ich mein Business mache, weil ich ein tiefes Bewusstsein darüber habe, dass ich sowohl mit dem „Wie" als auch mit dem „Was" einen wesentlichen Wert in der Welt hinzufüge, werde ich mich anders fühlen und auch andere (geschäftliche) Entscheidungen treffen.

Wir sagen (hören, fühlen, sehen, erleben) also seit unserer Kindheit, dass „Haben" Macht über das „Sein" hätte.
Das ist nur so, weil ich, Sie, wir *denke|n,* dass es so ist.
Denken gehört nochmal wohin?
Ins SEIN, richtig. In *Ihr* Sein.
Was der Pfeil vom Haben zurück übers Tun zum Sein außerdem abbildet, ist ein weiteres kollektives Gedankengut: Kannst und tust du etwas besser, **bist** du besser. Und: „Haste was, biste was".

Dies erzeugt ganz selbstverständlich Konkurrenz. Einen Wettlauf um das neueste Spielzeug, das teuerste Kleid, den größten Deal, die schönste Frau, den begehrtesten Mann, den einzigen Sieg.
Was gestern noch einen Eintrag im Guinness Buch der Rekorde wert gewesen wäre, ist heute bereits Status quo.

Konkurrenz sagt: *Ich muss haben, was du hast, um besser zu sein. Oder um zu sein wie du.* (Was niemals möglich ist).

> *Unsere Instinkte wirken nach zwei Richtungen - die eine strebt die Förderung unseres eigenen Lebens und das unserer Nachkommen an, die andere will das Dasein vermeintlicher Konkurrenten beeinträchtigen. Die erste umfasst Lebensfreude, Liebe und Kunst, die, psychologisch gesehen, in der Liebe wurzelt. Zur zweiten gehören Wetteifer, Patriotismus und Krieg.*
> *Die herkömmliche Moral tut alles, um die erste zu unterdrücken und die zweite zu fördern.*
> Bertrand Russell **(7)**

> *Konkurrenz belebt den Konkurs*
> *Andreas Tenzer* (8)

Existenzangst, Angst vor Abstieg oder sozialem Elend oder Angst, im Vergleich mit Jemand Anderem weniger zu haben, zu sein oder schlechter da zu stehen: Als Hauptmotive für Handlung gibt es wenig, was Erfüllung im Leben mehr „frisst".

Konkurrenz trennt mich von denjenigen, die mich umgeben im Run auf die Trophäe oder im Bestreben, ihn oder sie wenigstens daran zu hindern, diese zu bekommen. Ich persönlich halte das für eine unserer grausamsten modernen Krankheiten. Sie widerspricht einem Leben „on Mission" vollständig.

> *Beim Blick auf die Evolution wird die Konkurrenz über- und die Kooperation unterbewertet. Das liegt unter anderem an der Formulierung "Survival of the Fittest" (besser struggle for life). Das eigentliche Erfolgsmodell in der Evolution ist Kooperation.*
> *Eckart Voland, Antropologe und Biologiephilosoph* (9)

Falls es also etwas in Ihnen gibt, das sich mit der Absicht beschäftigt, wettbewerbsfähiger zu werden, besser überleben und nicht mehr zum Verlierer zu gemacht werden oder andere eleganter zum Verlierer machen zu können, legen Sie dieses Buch bitte gleich wieder weg.
Darum geht es hier *nicht*.
Wenn Sie allerdings etwas finden möchten, was Ihnen hilft, diese verrückten Normalitäten unseres zivilisierten Miteinanders hinter sich zu lassen und ein Leben zu leben, das wirklich Ihnen gehört, sind Sie hier richtig.

Es gibt inzwischen zahlreich geistige und spirituelle Schulen, die besagen, dass die Realität sich entsprechend der eigenen Gedanken und Gefühle formt. Inzwischen hat die Quantenphysik auch belegt, wie „flüssig" die Realität ist, bzw. dass alles gleichzeitig existiert und wir unseren jeweiligen Wirklichkeitsausschnitt, unseren ganz persönlichen vierdimensionalen Film auswählen. Ich habe eingangs gesagt, dass ich nicht wissenschaftlich belegen werde und das tue ich auch hier nicht, es gibt zahlreiche Physiker, Denker und Trainer, die das bereits erfolgreich beschrieben und belegt haben. Wer das näher ergründen möchte - bitte einfach Research betreiben unter „Quantenphysik und Realitätsgestaltung".

Meine persönliche Haltung dazu ist, dass bei diesen Themen „Wissenschaftlichkeit" eine größere Seriosität vermitteln soll und möglicherweise auch tut.
Wenn ich, außer rein persönlichem Interesse an wissenschaftlichen, zum Beispiel quantenphysischen Paralleluniversen, als Autor|in noch ein anderes Motiv dafür habe, also möglicherweise „Wissenschaftlichkeit" für Seriosität nutze, ist das für mich ein „Um zu" für Markttauglichkeit. Und verrät mir eine Grundüberzeugung, die Anpassung verlangt an das, was der Markt will. Fremdbestimmung für Erfolg.
Ich selbst bin laienhaft belesen, informiert und freudig erregt, was die neuesten Erkenntnisse aus der Physik über die Subjektivität unserer Welt zu sagen haben und wie radikal die Verbindung von allem mit allem ist.
Und möchte mich hiermit nüchtern auf Praktisches, also Erkenntnis durch Erleben stützen. Es ist das Einzige, was ich integer vertreten kann und will.

Zurück zum Thema: Die Welt, unsere Wirklichkeit, die Realität formt sich also nach unseren Gefühlen, Gedanken und Annahmen. Es kommt das zu uns, was unserer „Frequenz" entspricht.

Mir ist es ein Bedürfnis, Inhalte zu äußern und Formulierungen zu wählen, die in unterschiedlichen Weltbildern gültig sein könnten. Wenn Sie also damit nicht übereinstimmen können, dass Ihr Sein Ihr Ergebnis in der Welt bestimmt, so werden Sie sicherlich mit mir übereinstimmen, dass Menschen dazu neigen, Recht haben zu wollen, weil ihnen das Sicherheit verschafft. Daher wird Ihr Überzeugungsgefüge automatisch Ihre Wahrnehmung filtern und nur das aus den Vorkommnissen in Ihrer Welt auswählen, was dieses Gefüge inhaltlich bestätigt.

Ein weiterer Aspekt des Pfeils vom Haben übers Tun zurück zum Sein hat, neben der starken Stimulierung durch unsere äußere Welt (durch Medien, Radio, Internet, Werbung, Fernsehen, Plakatwände usf.), zu tun mit der Wechselwirkung von aktueller Realität und der eigenen Reaktion darauf.

Wenn es wahr ist, dass die Wirklichkeit meinen Gemütszustand abbildet und ich mich selbst in der Illusion eingerichtet habe, dass das da draußen objektiv und von mir getrennt und von selbst abläuft, reagiere ich natürlich ununterbrochen: Auf den zu langsamen Autofahrer; die Nachbarin, die immer zu laut Musik hört; das Finanzamt, das immer mehr von mir will; mein Sohn, der seine Sucht nicht in den Griff bekommt, meine Frau, der ich nie gut genug bin; mein Chef, der ein perfektionistischer Einpeitscher ist. Die Liste bitte selbst erstellen, was Sie persönlich aufbringt. An der Stelle ist es egal, ob ich einen cholerischen Anfall bekomme oder stundenlang darauf herumgrüble, warum das immer mir geschieht, oder warum das nicht aufhört, oder wie ich mich gefühlstaub machen kann und so fort.

Tatsächlich erhält jede Reaktion auf die „äußere" Realität die nämliche Realität. Jede Reaktion ist eine Bestätigung und Verstärkung. Die Reaktion auf das, was ist, verstärkt das, was ist, weil es Ihr inneres Fühl- und Selbstbild erneut bestätigt. Mit jeder selbstgebastelten Neustimulierung des Schmerzes erhöht sich Ihr subjektives Gefängnis aus Schmerz.

Daher brauchen Sie einen emotionalen und geistigen Orientierungspunkt, der Sie frei von Reaktion werden lässt, aber gleichzeitig dazu befähigt, auf Ereignisse einzugehen. Das ist Ihre Mission, konkreter: Ihr Mission Statement.
Ihre Mission kann Ihnen zudem Niemand wegnehmen. Sie gehört zu Ihnen wie ein maßgeschneiderter Handschuh. Genauso wie Sie niemals die Mission eines oder einer anderen „haben" können. Es würde nicht lange funktionieren. Oder maßlos anstrengend sein bei nur mäßigem Erfolg.

Wer auf seinem eigenen Weg geht, kann von Niemandem überholt werden.
Marlon Brando (10)

Darum geht es.
Unbestritten ist, dass Sie, solange Geld das Wertbestimmungs- und Tauschmedium bleibt für Güter und Dienstleistungen, tatsächlich Geld brauchen für die Teil*habe* an unserer Kultur. Egal auf welchem Niveau Sie spielen: Ob es der Golfclub, Ihre Kunstsammlung, die 8-monatige Kreuzfahrt oder Ihre Yacht,

oder ob es Tanzen, Essen, in Ausstellungen gehen, gelegentliche Kinobesuche, der Proberaum der Band, das Fitnesscenter oder die Businesstreffen, Kongresse und Weiterbildungen sind... Wer kein, bzw. nur wenig Geld hat, kann zwar überleben - aber er|sie wird sich isoliert fühlen und es auch sein.
Das ist durchaus schwierig - denn wir Menschen sind Beziehungswesen.
Wir brauchen einander, um aneinander zu wachsen und auch, um unsere Lebensmission leben und ausdrücken zu können. Eine Lebensmission auf unserer kleinen privaten Insel ergibt wenig Sinn. Darüber können wir also ganz ausgezeichnet sozialisiert oder konditioniert werden.

Freiheit bedeutet nicht, in Lebensumständen zu leben, die mir äußerlich garantieren, dass ich mir keine „Sorgen machen brauche". Das ist bestenfalls Unabhängigkeit.

Freiheit ist ein Ort jenseits der Manipulierbarkeit durch Angst.

Nun werden Sie möglicherweise fragen: Ja, wenn das alles ins Sein gehört und eine Lebensmission also eher das ist, was ich *bin*,- woher soll ich denn wissen, ob es gerade meine Angst ist, die mich steuert oder meine Mission? Meine echten -oder nur suggerierten- Bedürfnisse? Oder das, was meine wirkliche Aufgabe ist? Die sieht man dann ja auch nicht? Wie soll ich das auseinanderhalten und **welcher Teil meines Seins ist denn meine Mission?**
Sehr gute Frage! Das ist die *zweite* Verwirrung.
Die erste ist die kulturelle: Sichtbar, tun und haben.
Die zweite ist: Ja, *welcher* Teil meines Seins ist es denn nun?
Eine weitere kleine Übung dazu, wenn Sie mögen:
Stellen Sie sich einmal vor, Sie seien von einem unsichtbaren Mantel umgeben, der aus bestimmten Eigenschaften und Gefühlen besteht. Dieser Mantel wirkt durch diese Eigenschaften und Gefühle auf Sie ein, gibt Ihnen Impulse, Empfindungen und Wahrnehmungen, inspiriert Ihr Denken, hat Auswirkung auf die Richtung Ihrer Aufmerksamkeit, auf Ihre Grundstimmung und Ihre Emotionen.

Wenn Sie nun durch Ihren Tag gehen, probieren Sie doch einmal zwei ganz unterschiedliche unsichtbare „Mäntel" an. (Mäntel, Anzüge, Hüllen, eine Haut, ein

Energie-Ei, ein transparentes Gefäß. Was immer Ihnen hier als Metapher gefällt.) Und wechseln Sie sie ganz bewusst.

Die eine Hülle heißt: **„Ich bin mitfühlende Führung in Bewegung, sonnige Freundschaft und sanftmütige Verbindlichkeit in einer Welt, in der alle Wesen unversehrt und friedlich ganz sie selbst sein können".**

Die andere Hülle heißt: „Egal, was ich bin, sage und tue – am Ende bin ich immer falsch".

Ziehen Sie sich diese beiden Mäntel jeweils vollständig an, eben, als wären sie ein unsichtbares Kleid, und spielen Sie damit. Wechseln Sie Ihre unsichtbare „Garderobe" einige Male.

Zum Beispiel in einem öffentlichen Verkehrsmittel: *Wie fühle ich mich mit welcher unsichtbaren Haut? Was denke ich mit welcher Haut? Wer und was fällt mir ins Auge, worauf achte ich? Was denke ich über meine Gegenüber und was fällt mir jeweils bei ihnen auf? Welche Ideen und Urteile entstehen in meinem Geist?*

Und wenn Sie gerade eine Entscheidung zu treffen haben, nutzen Sie dieses Spiel auch hier: *Welche Entscheidung würde ich aus dieser Haut heraus treffen? Und welche aus jener?*

Notieren Sie alle Empfindungen und Erkenntnisse!

Ihr Verstand wird nun möglicherweise Gedanken produzieren, wie: „Ja, ist doch klar, das eine ist positiver, mit dem fühle ich mich automatisch besser, ist doch logisch, brauche ich gar nicht erst probieren, kann ich mir sparen."

Gehen Sie Ihrem Denken an der Stelle bitte *nicht* auf den Leim. Probieren Sie es wirklich und tatsächlich aus – dies ist eine nachdrückliche Einladung von mir! Sie werden staunen.

Hiermit würde ich gerne das Kapitel „Doppelte Verwirrung" zusammenfassend beschließen.

Es gibt zwei mögliche Verwirrungen zum Thema.
Erstens:
Die kulturelle Sichtweise: Falls es eine Lebensmission gibt, so beginnt sie mit dem Tun, bzw. ist das, was jemand tut, hat oder sich erwirbt. Wir sind darauf trainiert, dass uns besser fühlen oder besser SEIN besitzabhängig sei, resp. Angst sich durch einen bestimmten Besitzstand bannen ließe.
Dabei ist das Sein Ihr, mein, unser ganz eigenes Hoheitsgebiet.

Also liegt die Mission in Life, Lebensmission, Lebensaufgabe im Sein begründet.

Die zweite Verwirrung lautet in etwa: *Ja, ist das nun etwas, was ich gelernt habe, was dem entspricht, was von mir erwartet wird, wo ich etwas vermeiden, verhindern, bekommen, ein Bedürfnis erfüllen möchte? Wo ich Notwendigkeiten, Dringlichkeiten und Müssen spüre? Rollen? Regeln? Oder ist es etwas Anderes, was ebenfalls zu meinem Sein oder in mein Sein gehört, aber frei von Müssen ist? Wie kann ich das unterscheiden, was ich wirklich bin und was ich gelernt habe, zu sein?*

Freiheit beginnt mit der Erkenntnis, dass kein Mensch uns zwingen kann, etwas Bestimmtes zu fühlen. Ich könnte mich entscheiden, mich glücklich zu fühlen, ganz unabhängig von den Umständen.
Das wird uns nicht leicht gemacht - denn selbst wenn es mir gelungen ist, meine „Fühlgewohnheiten" loszukoppeln von den Erwartungen, wie „man" sich in meiner Lage zu fühlen hat, so wird die Umgebung ihr Bestes tun, um mir wieder klar zu machen, dass mein Fühlen davon abhängig zu sein hat, was ich habe oder tue oder davon, was andere von mir denken.

Tatsächlich ist es, bevor Sie das entzerrt haben, eine Mischung aus *beiden Kontexten*, unsichtbaren „Anzügen", die sich in Ihrem Leben abbilden.

Hier kommt die Definition für Ihre Mission, die ab jetzt für uns gelten soll:

Eine Lebensmission ist ein machtvoller, flexibler und nachhaltiger Kontext, der Ihr Sein umgibt, hält und gestaltet, während Sie sich handelnd durch Ihr Leben bewegen.

In anderen Worten: **Eine auf Sie zugeschnittene unsichtbare „Haut", die Ihrem tiefsten Wesen und Ihrem höchsten Potential entspricht und widerspiegelt, wer Sie unterhalb und jenseits aller Ideen, die Sie über sich selbst angenommen haben, wirklich sind.** Eine Haut, die machtvoll ist, in jedem Fall machtvoller als Ihre Ängste, ausreichend beweglich, um Sie nicht zu reduzieren, damit Sie Spielraum haben für alles, was sich aus Ihnen und diesem Kontext heraus ausdrücken möchte, und so tief und nachhaltig, dass sie Sie potentiell in all Ihren verschiedenen Lebensphasen repräsentieren kann.

Man könnte auch sagen: Der Kontext, aus dem heraus Sie Ihr Leben bewusst gestalten.

Um das für sich etwas konkreter nachvollziehen zu können, lade ich Sie ein, sich auf diese kostenlose Audioreise einzulassen, in der der jeweilige Unterschied sehr deutlich wird.

Sie finden Sie hier: http://life-on-mission.com/mission-trance-reise/

Im nächsten Kapitel wird es darum gehen, was eine Lebensmission genau ist und woraus sie sich zusammensetzt.

Was ist eine Mission
und woraus genau ist sie gemacht?

> *If you haven't found something worth dying for, you aren't fit to be living.*
> *Wenn du nicht etwas gefunden hast, das es dir wert wäre, dein Leben dafür zu geben, bist du für das Leben nicht gut ausgestattet.*
>
> Martin Luther King (11)

Es gibt im Sanskrit das Wort „Dharma". Was bedeutet es? Mir gefällt die Auslegung am Besten, die besagt: Es ist das persönliche Bündel an ethischen Grundsätzen, aus dem sich der individuelle Beitrag, der Service gegenüber dem Leben und anderen Lebewesen ableitet. Es ist der eigene Code of Conduct, ein Codex auf der metaphysischen Ebene, aus dem heraus sich die persönliche Lebensführung gestaltet und in entsprechenden Handlungen und Ergebnissen ausdrückt. Von Gebet bis Armenspeisung.

Jedes Dharma ist einzigartig!
Es liegt verborgen und gleichzeitig völlig offen in dem Bereich, der nie verletzt, beschämt, zurückgewiesen und verlassen wurde. An dem Ort, aus dem die Lösungen, die weisen und selbstheilsamen Antworten für jede Unbill kommen, die uns je widerfahren sein mag. Wer aus diesem Ort agiert, ist ganz von selbst Heilung für diesen Planeten und die Wesen, die ihn bewohnen.
Tatsächlich habe ich diesen Ort in jedem Menschen gefunden, mit dem ich mich etwas tiefer beschäftigt habe und das waren einige.
Es gibt diesen Ort also. In jedem Menschen.
Er ist der Teil von uns, der völlig intakt und unversehrt ist.

Wir bekommen allerdings im Normalfall nicht beigebracht, uns an diesen Ort zu begeben und von dort aus unser Leben zu gestalten. Er ist ein (vergessenes) Wunderland in unserem Inneren. Wir werden von Menschen erzogen und

geprägt, die sich mit ihren Verwundungen identifiziert haben und sie somit an uns weitergeben, uns selbige ersparen wollen und was es da noch so an Umgangsformen mit ihnen gibt.
Wenn es keine Rituale gibt, dieses Wunderland zu betreten und keine allgemeine Übereinkunft, dass es überhaupt existiert, lernen wir, uns auch mit unseren Wunden zu identifizieren und mit der Geschichte, die sie über uns und das Leben erzählen. Und somit, uns mit unseren menschlichen Beschränkungen abzufinden.

Die gute Nachricht ist: Dieses Wunderland geht nie verloren, es ist immer da, wir können es mit ein wenig Übung betreten und unser Leben von diesem Ort aus dauerhaft und nachhaltig gestalten.

Meine Klienten erschaffen für sich ein sehr kraftvolles Mission Statement, das aus den Fundstücken und Goldspuren in ihrem persönlichen Wunderland gewebt ist. Dieses Statement beschreibt, wer sie sind in einer Ausgabe ihrer selbst, die nie verletzt wurde. Eine Widerspiegelung ihres höchsten Potentials, des in ihnen eingebetteten heiligen Traums. Es ist ihr Code, formuliert als mächtige Deklaration, was sie ab jetzt in ihrem Leben absichtsvoll verkörpern wollen und werden.

Im Gegensatz zur landläufigen Definition eines Mission Statements - Unternehmensleitbild - ist dieses Statement eher ein intensives, tiefes nachhaltig Orientierung schenkendes Fühlbild.

„Ein Leben on Mission ist der Himmel auf Erden und ich bin eine herzliche und großzügige Einladung für eine Gemeinschaft der Freiheit, in der alle Wesen auf liebevolle, ehrliche und wahrhaftige Weise sie selbst sein können."

„Ein Leben On Mission ist zielstrebige Ehrlichkeit, Wahrheit und Offenheit. Ich bin geschaffen zum Schutz der Natur und Umwelt sowie eine spirituelle Einladung zu göttlicher Fülle, wilder Schönheit, innerem und äußerem Abenteuer."

> *„Ich bin ein feiner Sensor für intime, tiefe, wahrhaftige Begegnung, Berührung, Erneuerung und Entwicklung in einer Welt der bedingungslosen Liebe und des Respekts vor der Vielseitigkeit des Lebens."*

Bei der Geburt eines solchen Statements ist neben tiefer Berührung und erinnernder Selbsterkenntnis oft ein Phänomen zu beobachten: *„Oh Gott, das ist ja so groß. Wie soll ich das jemals liefern?"*

In dem Maße, in dem ein Mensch beginnt, täglich mit dem eigenen Statement zu arbeiten, wird es sukzessive zu seiner Realität. Er|sie wächst wandelnd bis zur Selbstverständlichkeit hinein und es kann sich mit der Zeit subjektiv so anfühlen, als würde man ein „Seelenversprechen einlösen". So habe ich es selbst bisweilen empfunden, so berichten es mir Menschen, die sich auf ihrem stetig magischer werdenden Mission-Pfad entlang bewegen.

Dies ist tatsächlich für Jedermann und Jedefrau erreichbar und möglich, ganz gleich, wie das Leben bisher verlaufen und wo gegenwärtig der Ort des Aufbruchs zur eigenen Mission-Reise sein mag.

Wenn ich Menschen befrage, wer denn für sie jemand ist, der die eigene Mission wirklich gefunden und gelebt hat - was ich tatsächlich immer mal wieder tue, weil es mich interessiert, was andere zu meinem Lieblingsthema denken -, wird Martin Luther King ziemlich oft genannt, daher habe ich ihn eingangs hier zitiert. Zusammen mit Nelson Mandela, Mutter Theresa und eben Gandhi.

Jede|r dieser Menschen hat Angst gekannt. Schmerz. Zweifel. Widerstände. Und Widersacher.
Einsamkeit. (Es lohnt sich übrigens, die Biographien dieser herausragenden Persönlichkeiten zu lesen!) Was könnte das also gewesen sein, was sie angetrieben hat, was sie darin unterstützt hat, weiterzugehen, trotzdem, mit der Angst und über sie hinaus, wo 75% von uns aufgegeben hätten? (Und haben!)

Was hat sie getragen? Woraus haben sie Inspiration bezogen, dass ihr Weg richtig ist oder zumindest von ihnen gegangen werden muss, obwohl ein Großteil ihrer Umgebung ihnen etwas anderes widerspiegelt, mindestens zu Beginn? Haben sie ihr eigenes „Wunderland" betreten und wenn ja, wie? Was genau ist der „Ruf" in der Berufung? Aus welchem inneren Ort kommt er? Was hat sie weitermachen lassen, so dass wirklich ein „Lebenswerk" daraus wurde, das sich aus vielen kleinen und größeren Handlungen im Alltag zusammensetzt? Was hat sie so „dranbleiben" lassen?

Mag sein, dass es Schicksal gewesen ist. Dann wäre es manchen eben bestimmt, manchen nicht.

Ich glaube das nicht.

So wie Bewusstheit, Spiritualität, Erwachen immer mehr um sich greifen, heutzutage im besten Sinne demokratischer, „normaler" und allgemein verfügbarer werden (auch ohne jahrzehntelange Abgeschiedenheit in strenger Meditationspraxis), so ist dieses Potential, in so enormer Art über die eigene menschliche Konditionierung hinauszuwachsen, auch für immer mehr Menschen zugänglich.
Sofern wir die „Zutaten" kennen.
Hier können uns diese besonderen Menschen natürlich hervorragend als Inspiration dienen.

Dies muss übrigens ganz und gar nicht dazu führen, dass unsere Lebensmission diese weltumspannende Bedeutung bekommt, wie bei ihnen. Es kann sein, dass wir in einem Beziehungsfeld von fünfzig Menschen wirken. Oder sieben. Entscheidend ist, *ob* wir es tun. Und *wie*. *Dass* wir es tun, erkennen wir am Ausmaß unseres inneren Friedens und unserer Erfüllung.

Die Größe eines Menschen hängt nicht von der Größe seines Wirkungsfeldes ab.
Erich Kästner (12)

Sobald ein Mensch seine Mission gefunden hat, öffnet sich eine magische Tür.

Ihr Leben „gehört" Ihnen, Sie sind eins mit sich, erfüllt, bewegt, zentriert, innerlich sicher und vielleicht auch äußerlich reich, zutiefst dankbar, auch wenn Sie vielleicht gerade sehr herausfordernde Dinge tun. Sie tun genau das, was zu Ihnen passt, es erfüllt sie täglich, fordert sie wie nichts sonst und gibt Ihnen umfassenden Sinn. Sie sind zuhause in sich und in Ihrem Leben und möchten mit Niemandem auf dieser Welt tauschen.

Tatsächlich ist es auch in unserer nordwestlichen Welt möglich, ein Leben zu leben, das „magisch" ist.
Dass Sie an dem Platz sind, der nur von Ihnen eingenommen werden kann und genau das tun, was nur von Ihnen genau so getan werden kann.
Dinge, Menschen, Gelegenheiten fließen zusammen und es kann sich so anfühlen, als wären Sie plötzlich Teil eines großen Bildes, das mit Ihnen und durch Sie gewebt wird, gestaltet von einer ganz besonderen Kraft.
Ihnen hat sich das „Tao" offenbart, das ewige Fließen. Sie reiten die, nein, *Ihre* Welle und erfahren täglich das zauberhafte und geheimnisvolle Zusammenspiel aus Fügung und der Gabe von bzw. Ihrer Begabung für „Good Timing": Stets zur richtigen Zeit am richtigen Ort zu sein. Und all dies mit Mühelosigkeit.
Als wäre auf einmal eine „Tür in der Tapete" sichtbar geworden in einem Zimmer, das Sie bis dahin Jahrzehnte bewohnt haben. Hinter dieser Türe beginnt Ihr maßgeschneidertes Abenteuerland.

In diesem Zusammenhang kommen mir häufig die **„Songlines"** in den Sinn.
Die gesungenen Clan-Landkarten der Aborigines, die Teil des Walkabouts, der rituellen Initiation für jeden jungen Mann sind.
Der Song, das Lied ist einer der heiligen Schätze des jeweiligen Clans und enthält

die Beschreibung der Landschaft, durch die der junge Initiant zu gehen hat. Während er also das Lied des Clans singt und dabei geht und geht, entfaltet sich vor seinen Augen genau das Bild, das er singend und beschreitend beschreibt.
Wir im Westen können nur ahnen, welches Gefühl der vollständigen Verbundenheit, des Einig-Seins mit sich und der eigenen Welt ein solches Erleben mit sich bringen muss.

Im Zuge der Beschäftigung mit Wirtschaft und Spiritualität, Nachhaltigkeit, Wandel, Erfüllung und dem Erarbeiten konkreter, brauchbarer Werkzeuge dafür bin ich mehrfach auf eine These und auf einen indigenen Mythos gestoßen mit der Aussage, dass die moderne, aufgeklärte, technologische Welt und die indigene Welt mit ihrem schamanischen Zugang einander brauchen, zusammen kommen wollen und auch müssen, wenn wir, die Spezies Mensch, zusammen weiterhin mit diesem Planeten oder besser als Teil dieses Planeten leben und eine Zukunft haben wollen.
Der Film AVATAR (13) hat diese These aufgegriffen und im Mainstream abgebildet.

Insofern sind die sogenannten Songlines der Aborigines für mich ein ausgezeichnetes Mittel zur Verdeutlichung.
Ihr Land ist heute zugebaut, ihr Netz des Lebens mit Wiedererkennungswert für die Clangeschwister zerstört im Namen des Fortschritts. Ihre Wurzeln sind dahin und es hat, wie in vielen Resorts weltweit, den eigentlichen Ureinwohner des jeweiligen Landes alle modernen Krankheiten von Depression bis Alkoholismus beschert.

Ich habe allerdings tiefes Vertrauen, dass diese Verbundenheit mit dem magischen mystischen Netz des Lebens zu jeder Zeit und für jeden Menschen herstellbar ist. Auch in einer hocharchitektonischen, technologischen Beton-, Glas-, Marmor-Wüste.

Der Eintritt ist... der Song. Die eigene Frequenz, Farbe, Melodie, der unauswechselbare Geschmack. Der Pfad in die Erfüllung mitten in bzw. aus der Betonwüste heraus, führt definitiv von innen nach außen.

Wenn ich allerdings mit einem Mindset, einer Gemengelage des Gemüts, unterwegs bin, das mich kompatibel macht mit der Welt; dem Hamsterrad; dem Mitspielen; dem Expertentum, werde ich den Aus- bzw. Eingang nicht finden können.
In unserer Kultur haben wir nämlich unseren Song nicht nur vergessen, wir wurden ihn *nie gelehrt.* Da nur sicht- und fühlbar werden kann, was gesehen wird, schlummert also dieser Song, diese persönliche Frequenz, der Code unsichtbar, ungesehen, ungehört. Bisher. Aber: Er ist „freischaltbar". Wir können ihn freilegen.

Dabei können uns diese grossen Missioneers und Missionistas (so nenne ich persönlich Menschen „on Mission") wunderbar als Role Model, als Wegweiser dienen.
Bei all ihrer Unterschiedlichkeit in Wesen und Weg lässt sich ja vielleicht etwas Generelles finden, etwas, was sie alle verbindet und sich auf unser Leben übertragen lässt. Der „Code" eben.

Wenn Ihnen unser Spiel im letzten Kapitel Freude gemacht hat, so würde ich Sie gerne zu einem weiteren einladen.

Wir wollen jetzt herausfinden, was die Eigenschaften einer oder Anforderungen an eine Mission sind und was die konkreten Zutaten plus „universeller" Kleber. Im Coaching verwende ich das Bild des Bechers. Weiter vorne in diesem Buch habe ich es Hülle, Anzug oder Haut genannt.

Wir sprechen hier von einem unsichtbaren, metaphysischen, geistig-emotional-seelischen Kontext, einem *Code* eben. Ein materielles Bild, wie das eines Bechers hilft bei der Vorstellung.

Was wären also Ihre **Anforderungen** an einen optimalen **Becher**?
Für mich wäre das zum Beispiel: Ein guter Becher sollte wasserundurchlässig, wasserabweisend, temperaturflexibel und so anfassbar sein, dass ich mich auch bei heißen Flüssigkeiten im Becher an ihm nicht verbrenne.

Kommen wir zu den **Zutaten**: Die Zutaten eines üblichen Bechers sind zum Beispiel:
Keramikpulver, Elektrolyte, Wasser, Wachs, Glasur.
In diesem Sinne lade ich Sie ein, sich auf folgende Überlegungen einzulassen:

Was wären meine Anforderungen an eine Mission, so wie Gandhi, Martin Luther King, Nelson Mandela, Desmond Tutu, Vandana Shiva, Wangaari Mathaai, Julia Butterfly Hill (14) sie leben und gelebt haben? (Oder wer ist es für Sie? Sie können selbstverständlich gerne für sich mit Menschen arbeiten, die *Sie* für Missioneers und Missionistas halten. Das kann Ihre Tante sein. Ein Lehrer. Oder eine berühmte Persönlichkeit, die nach Ihrem Dafürhalten „on Mission" lebt oder gelebt hat.)

Überlegen Sie. „Befragen" Sie sie: *Was hat dich zu dem gemacht, was du warst oder bist?*
Was hat dich von innen getragen? Von welchem Geist, welchen Ideen warst du beseelt? Was hat dich dazu befähigt? Was hat dich dranbleiben und weitermachen lassen, auch in den Momenten, in denen niemand an dich geglaubt oder man dich sogar behindert hat?
Sammeln Sie Ihre Ideen.
Mut?
Was ich an der Stelle oft höre: Na ja, **Mut** gehört doch bestimmt dazu. Mut?
Nicht ganz, denke ich.
Mut tritt immer zusammen mit Angst auf. Ohne Angst bräuchte ich, bräuchten Sie, bräuchten wir keinen Mut. Mut brauche ich nur, *weil* ich Angst habe.
Ich würde an dieser Stelle gerne noch etwas tiefer tauchen wollen.
Wenn Mut auftaucht, dann doch weil es eine Absicht geben muss, sich von etwas anderem als der Angst leiten zu lassen. Oder etwas wichtiger zu nehmen als die Angst.
Was also könnte diese Absicht sein? Was könnte den Mut „befeuern"? Wodurch wird er gespeist?

Sinn?
Auch wird oft gesagt **„Sinn"**.
Sinn bzw. Bedürfnis oder Sehnsucht nach Sinn ist sowohl ein Antreiber für das Finden Wollen der eigenen einzigartigen Mission. *Und* ein unmittelbares Ergebnis, sobald sie gelebt wird.
Aber in meinem Verständnis nicht etwas, woraus *sie sich zusammensetzt.*

Nochmal zur Wiederholung: Wir suchen **Anforderungen**.
Und **konkrete „Zutaten" plus Kleber**.
Wenn Sie möchten, dann befragen Sie auch hier Menschen, die Sie treffen.
Angehörige, Freunde, Partner, NachbarInnen, Bekannte.
Das macht Spaß und verbindet Sie in Ihrer Suche auf ganz andere Weise mit der Welt. Denn es gibt viel mehr Menschen, die sich über diese Themen Gedanken gemacht haben, als wir glauben.
Auf der nächsten Seite erhalten Sie die Auflösung.

Auflösung

Hier kommen sie- die Anforderungen an eine, resp. Eigenschaften einer Mission in Life; Lebensaufgabe; Berufung. Der Kontext also, der Ihr Sein gestaltet und umgibt, während Sie sich handelnd durch Ihr Leben bewegen.

Im Zuge des jahrelangen intensiven Coachings und der Beschäftigung mit dem Thema haben sich folgende vier Anforderungen herauskristallisiert:

(Wenn sich das, was Sie für sich gefunden haben, davon deutlich unterscheidet, ist das nicht schlimm. Sie können sich trotzdem auf die nachfolgenden Anforderungen|Eigenschaften einlassen und Ihre Fundstücke als zusätzlichen Hinweis dafür nehmen, was Ihnen in Bezug auf Ihre Lebensaufgabe ganz besonders wichtig ist.
Sollten sie den konkreten Prozess für sich machen wollen, siehe eBooks 7-9, sind das wunderbare Grundlagen für das Erstellen Ihres Mission Statements.)

- Eine kraftvolle Macht

Ihre Mission muss so kraftvoll und universell sein, dass sie in der Lage ist, Sie auch an schlechten Tagen aus dem Bett zu holen und daran erinnern zu können, wer Sie versprochen oder beschlossen haben, zu sein.
Sie muss stärker sein, als Ihre Umstände. Aus ihr kommt die Nahrung für Mut.
Sie muss außerdem in Momenten außergewöhnlicher Herausforderungen stärker sein als alle Konditionierungen, also Erinnerungen an das, was Ihnen beigebracht wurde, wie Sie zu sein und zu reagieren haben.
Sie muss stärker sein als alle Ideen, die sich hinter dem kleinen Wort „man" verbergen.
Manchmal muss sie stärker sein als alles, was Sie darüber gelernt haben, was es bedeutet, eine Frau oder ein Mann zu sein. Sie muss Sie tiefer „erwischen", berühren und wachküssen können als alle Einladungen, die aus der Richtung Bequemlichkeit und Komfort kommen.

Sie muss also eine deutliche Orientierung von innen bieten können, wenn Sie sie im Außen nicht finden können.

– Langanhaltend

Ein anderes Wort wäre: Nachhaltig. Und: Zeitlos.
Der Kontext, Ihre Lebensmission, sollte also ganz definitiv auf etwas anderem gründen als einer Laune, einem momentanen Lebensabschnitt, einer Emotion oder einer Stimmung. Und er sollte Tiefe besitzen. Und mit Ihnen und Ihrer Essenz zu tun haben – dem Teil, der gleich bleibt, obwohl oder weil Sie sich wandeln.

– Beweglich, also: Raum für Spiel und Ausdruck bietend

Sie darf nicht starr sein. Ihre Mission sollte so beschaffen sein, dass vollkommen verschiedene Projekte durch sie ausgedrückt werden können, die nichts miteinander, aber alles mit der Mission zu tun haben.

– Service, also: Andere miteinbeziehend

Service lässt sich in einer einfachen Formel erklären. Service besteht aus Sinn und Beziehung und bezieht das „globale Wasser" mit ein.

Eine serviceorientierte Haltung führt dazu, dass ein Mensch sich weigert, sich für das eigene Brötchen gegen andere Lebewesen „jagen" zu lassen. Und zu Fragen wie „Wie kann ich mein Leben so gestalten, dass andere Lebewesen einen Zuwachs an Energie und Qualität erfahren? Wie kann mein Leben das Leben eines Menschen auf der anderen Seite der Welt konstruktiv beeinflussen?"

Ihre Mission drückt sich nicht auf einer Insel aus. Sie schließt andere Lebewesen und deren Wohlergehen, das Verbessern ihrer Lebensumstände mit ein.

Ihre Lebensmission hat das große „Wir" im Blick. Service sagt: "Erst, wenn meine täglichen Handlungen so sind, dass sie die Bedürfnisse aller miteinbeziehen, bin ich zufrieden."

Service beginnt, sobald ein Mensch in der Lage ist, über den eigenen Tellerrand, die unmittelbare Erfüllung der eigenen Bedürfnisse, hinauszublicken und zu sehen, was uns alle verbindet, selbst wenn die Lebensumstände gegensätzlich sein mögen. Ein Missioneer erkennt, dass uns vielerorts das verbindet, was uns voneinander trennt. Geld. Bildung. Konkurrenz. Und schafft die fehlende Verbindung. Eine service-orientierte Haltung sieht, hört, erkennt die Hilferufe und wahren Bedürfnisse in der Welt. Dienen ist selbsterfüllend. Dienen hat nichts mit Unterwerfung zu tun.

Dienen ist eine Haltung, die in Handlung den engen Persönlichkeitspanzer dehnt oder sprengt, weil sie das (globale) Wir wichtiger nimmt als Befangenheiten, Eitelkeiten, Bequemlichkeit, Schmerz, Leiden. Service bedeutet, jedes Lebewesen als potentielles Geschwister zu sehen und daraus eine mögliche eigene Zuständigkeit abzuleiten. Ein Missioneer, eine Missionista denkt, fühlt, handelt und wird somit: „Wir"-zentriert.

Kommen wir zu den Zutaten: Was sind die machtvollen Eigenschaften einer Lebensmission (plus universellem Kleber)?

(Auch hier: Alles, was Sie für sich notiert haben, ist gut, wunderbar und richtig.)

Ich darf Sie hier mit den <u>Find your Mission!</u>-definierten Zutaten vertraut machen. Sie sind hier zwar voneinander unterschieden des leichteren Verständnisses halber, aber fliessen auf natürliche Weise ineinander.

- Individualität|Essenz

Dies bedeutet: Ihre Gaben, Talente, Fähigkeiten, Kompetenzen, die in dieser Zusammensetzung so nur in Ihnen wohnen.
1- Alle Schönheiten, die Sie mitgebracht haben.
2- Zuzüglich aller Schönheiten, die Sie sich aneignen und erarbeiten durften.
3- Alles, was Sie aufbringen mussten, um die Herausforderungen Ihres Lebens zu bewältigen. Ihre Diamanten aus der Kohle, Ihr Blei zu Gold, Ihre Perlen.
1- Ihre mitgebrachten Schönheiten:
Es gibt Gaben, Talente, Kompetenzen und Schönheiten, die Sie seit jeher mitgebracht haben, die in Ihnen angelegt sind und lediglich durch regelmäßigen Ausdruck gepflegt sein wollen.
Ihre Farbe, Frequenz, Melodie, ein besonderes Grundausstattungs-Bündel, das Ihre Einzigartigkeit bildet. Hierher gehören auch Ihre ausgebildeten und gelernten Schönheiten. Dies sind die Fähigkeiten, die zum Beispiel ein wohlmeinendes Umfeld Ihnen ermöglicht hat: Der Klavierunterricht, der Fußballclub, die Balletschule, der Zauberkurs, der Reitverein und so fort. Eigenschaften, die in Ihnen gefördert wurden: Logische Denkfähigkeit, Musikalität, Körpergefühl, Kondition etc.

2- Was Sie lernen durften bzw. mussten, um zu überleben. Ihre Diamanten aus der Kohle, Ihre Perlen eben.
Wissen Sie, wie eine Perle entsteht? Aus Schmerz. Die Auster „schluckt" ein Sandkorn. Es dringt in ihre Weichteile ein und verursacht ihr dort unerträgliche Schmerzen. Da sie nicht mehr in der Lage ist, es über den gleichen Weg wieder los zu werden, über den es eingedrungen ist, also: wieder „auszuspucken", speichelt sie das Sandkorn ein und poliert es und speichelt ein und poliert, bis es so glatt geworden ist, dass sie keine Schmerzen mehr spürt. Bis daraus also etwas von unglaublicher Schönheit entstanden ist: Eine Perle.
So verhält sich das auch mit Ihren *erworbenen* Schönheiten. Die bisweilen aus einem Trauma entstanden sind, aus erfolgreich gewandeltem Leiden, aus korrigierten Fehlern.

- Kernwerte

Wir unterscheiden hier drei Arten von Werten.
Die äußere Schicht unserer Werte sind die *Müsste-Sollte-Werte*.
Die mittlere Schicht sind die *freiwillig gewählten* Werte.
Darunter liegen unsere *Kernwerte*.
Unsere Kernwerte sind im Herzen all der Werte, die wir uns jemals angeeignet haben.

Die „Sollte"-Werte sind die Werte, die uns beigebracht wurden. Die uns sagen, wie "man" zu sein hat. Als Mann, als Frau, als Deutsche|r, als Ehemann, als Mutter, als Führungskraft, als Großmutter, als Linke|r, als Rechte|r, als Künstler|in und so fort. Hier finden wir die Rollen, die Regeln, die Funktionen und die Pflichten. Je mehr es davon gibt, umso mehr ist jemand identifiziert mit den Werten am äußeren Rand dieser Grafik, umso schwerer und mühsamer wird der Weg. Wir fühlen uns belastet. Diese Werte sind unser Hamsterrad-Generator. Wenn wir uns mit diesen Werten „weit weg von unserem

Zentrum" identifizieren, ist unser Leben anstrengend. Wir müssen mehr laufen und kommen nie an. Bei uns selbst. Je weniger jemand bei sich ist, umso leichter kann er in das Erwartungsfeld anderer hineingesogen werden. Die Identifizierung mit dem äußeren Rand dieser Wertegrafik bedeutet: Totale Fremdbestimmung, Anstrengung, mit der Zeit Erschöpfung, Sinnlosigkeit und enorme Frustration.

Der zweite Kreis bildet die **freiwillig gewählten Werte** ab.
Diese kommen zustande, wenn sich jemand hat inspirieren lassen. Durch einen Menschen, eine Ereignis, ein Buch, eine Philosophie, eine Religion.
Der kategorische Imperativ von Kant, das Mitgefühl von Gandhi, den Mut der Heiligen Johanna, die Unkonventionalität von Niki St. Phalle, das Genie von Leonardo da Vinci, die Geschichte von J.K. Rowling, die Lebensphilosophie eines indigenen Stamms.

Diese Werte sind schon „besser" im Sinne von: Selbstbestimmter und näher am eigenen Ich. In jedem Fall helfen sie, den ersten Panzer der Konditionierungen, also die Orte, an denen wir einst eins zu eins angenommen haben, was andere über uns sagen und von uns wollen, aufzuweichen. Viele Menschen denken, wenn sie ihr Leben von dort aus gestalten, sind sie bereits frei. Und ganz sie selbst. Das stimmt nicht. Die gewählten Werte können eine Art Hinweisschild sein auf unsere Kernwerte. Aber sie sind nicht damit zu verwechseln.

Was also sind die **Kernwerte?**

Wer Kinder hat oder kennt, weiß: Sie können tiefe Erschütterung, Verzweiflung oder Begeisterung erleben und ausdrücken angesichts von Geschehnissen und Zusammenhängen in ihrer Umgebung. Es betrifft sie tief und so ist ihre Reaktion. Das ist so, weil sie üblicherweise noch einen exzellenten Kontakt zu ihren Kernwerten haben, daher kommt ihre ganz natürliche Ethik. Ein Kind kann sich tagelang aufgebracht mit einer Ungerechtigkeit beschäftigen, zum Beispiel. Dabei ist es oft gar nicht von so großer Bedeutung, ob diese dem Kind selbst oder einem Freund widerfahren ist.
Auch das ist ein Hinweis auf einen Kernwert.

Wenn er verletzt wird, ist es gleichgültig, ob Ihnen das höchstselbst oder einem anderen Lebewesen widerfahren ist.

Die Verletzung ist scharf und geht tief. Und sie muss absolut nichts mit Ihrer persönlichen Geschichte zu tun haben, wenn diese auch Hinweise geben mag auf Ihre Kernwerte. Es ist keine *emotionale* Verletzung, also eine emotionale und bewertende Reaktion auf etwas, das Ihnen widerfährt. Es ist eine Herzens - oder Seelenverletzung, eine tiefe Empfindung unterhalb Ihrer „Mag ich, mag ich nicht" -Gewohnheiten, die Sie, sobald Sie sie zulassen, plötzlich dazu befähigt, Dinge zu tun, die Sie nicht für möglich gehalten hätten, einer Mutter gleich, die Ihr Junges verteidigt gegenüber einem Angreifer.

Ich weiß noch genau, wie sich einer meiner Kernwerte gezeigt hat. Ich saß an einem See in einem Park und beobachtete plötzlich, wie auf der anderen Seite des Sees ein Entenküken von zwei Rabenkrähen im Wasser attackiert wurde. Am Rand standen drei Erwachsene und beobachteten das Geschehen fachsimpelnd. Etwas riss mich auf meine Beine, ich schrie hinüber „Ja, nun tun Sie doch was!". Als diese mich verständnislos ansahen, rannte ich, so schnell ich konnte, um den halben See, verscheuchte die Krähen, barg das Entenküken unter meinem Pullover. Leider war es zu spät. Der Kopf war offen und das Gehirn irreparabel verletzt, wie mir der herbeigerufene tierärztliche Notdienst bescheinigte. Ich bestand darauf, dass es, wenn nun schon nötig, in meiner Hand eingeschläfert wird. Ich habe selten so sehr geweint um ein Lebewesen wie um dieses Küken in meiner Hand.

In diesem Moment wurde einer meiner wesentlichen Kernwerte sichtbar. Praktisches Mitgefühl mit Tieren. Besser noch: Verantwortlicher Umgang mit unseren schutzbefohlenen Mitgeschöpfen, vor allem Tieren. Was auf diesem Planeten im Namen von Profit mit unseren Tierverwandten geschieht, reißt mein Herz tatsächlich in Stücke. Täglich immer wieder neu.

Ich bin allerdings sehr dankbar für diese „Öffnung". Denn hier wird mir gezeigt, was von Bedeutung für mich ist und für wen und was ich von Bedeutung bin oder zu sein habe. Ich hatte seither zahlreiche Gelegenheiten, einen Unterschied für Tiere zu machen. Und lebe schon seit langem konsequent vegan, nicht nur, was meine Ernährung anbelangt.

Einem anderen Missioneer ist es passiert, dass in seiner Massagepraxis plötzlich nur noch dicke Menschen aufgetaucht sind. Er hatte eine tiefe Abneigung gegen Dicke. Und erinnerte sich mit einem Mal, das hatte er tatsächlich vergessen, dass er selbst als Junge dick gewesen war und dafür sehr gehänselt wurde, weswegen „körperliche Perfektion" für ihn zum Dogma geworden war. Er realisierte, dass er in diesen Klienten sein früheres Selbst ablehnte. Als er begann, sich auf sie einzulassen, zeigte sich plötzlich ein tiefes Anliegen in ihm: Den eigenen Körper als Tempel zu sehen und zu schätzen, ganz gleich, wie er aussieht und was andere darüber sagen. Die Heiligkeit des eigenen Körpers zu sehen und ihn so zu bewohnen. Dies war ganz etwas anderes als Perfektion. Als er seine dicken Klienten aus dieser Haltung heraus begegnete, geschah zweierlei. Etwa ein Drittel begann auf einmal, sich mit Ernährung, Bewegung und Wohlbefinden zu beschäftigen und stellte fest, dass alleine das ihren Selbstwert erhöhte. Die anderen begannen, seiner Praxis fern zu bleiben.
Dies floss in zukünftige Projekte ein. Heilige Geometrie, Wertschätzung des Heiligen Körpers, Unterstützung des menschlichen Körpers in seiner Vollkommenheit in einer disbalancierten Welt blieb ein deutlicher Richtungsgeber für ihn.
Er hatte seine Leuchtspur gefunden.

Was ich an dieser Stelle noch wichtig finde zu sagen: Es geht hier nicht um Kompensation für Schuld. Oder „retten". Es kommt auch nicht aus einem Ort, wo ich ein guter Mensch in einer schlechten Welt bin oder die Welt angreife.
Es ist eine schlichte Zuständigkeit, die, sobald ich ihr folge, mir einen Pfad zu meiner Erfüllung öffnet.
Es kostet allerdings Mut, sich diesen Kernwerten (wieder) zu öffnen.
Sie werden dadurch verletzlich und gleichzeitig leidenschaftlich. Das ist zwar ein Superkraftstoff für Ihren Motor, aber Sie werden auch konfrontiert mit Gefühlen wie Ohnmacht, „nicht genug" und Verzweiflung. Das gehört dazu.

Wenn Sie etwas gefunden habe, das Ihnen heilig ist, sind Sie tatsächlich schon fast lachend bereit, sich lächerlich zu machen, weil nichts in der Welt so stark sein kann, wie dieser Ihr innerer Ruf, Ihre, nur Ihre Zuständigkeit. Sie haben das breite gesellschaftliche Parkett des Zynismus' verlassen. Zynismus entsteht im einzelnen

Menschen, sobald er oder sie entscheidet, das eigene Herz zu verschließen, um sicherzustellen, dass er nie wieder benutzt wird.

Tatsächlich bietet Zynismus einen guten Schutz vor Verletzungen. Allerdings auch vor Freude, Tiefe und Berührbarkeit, vor wahrer echter Bedeutung und der Erfahrung, dass das Leben wundervoll, magisch und heilig sein kann inmitten eines profanen, dreckigen Moments, der genau so, wie er ist, fabriziert wurde, damit Sie Ihre Mission optimal ausdrücken und entfalten können.

Üblicherweise verlieren die meisten von uns den nahen Kontakt zu ihren Kernwerten spätestens mit der Pubertät, wenn „Coolness" zum Gebot wird. Wenn es richtig wichtig wird, dazuzugehören, zu wissen, was die Anderen von einem halten und wie sie über die eigene Schuhmarke denken.
Leider gewinnen nur wenige Menschen im Laufe ihre Kernwerte wieder zurück. Genau genommen: Den *bewussten Kontakt* damit.

Üblicherweise hat jeder Mensch ein Bündel aus fünf bis sieben Kernwerten. Diese Werte, die diesen „Hier muss die Welt mit mir rechnen"-Zustand anschalten, sobald sie verletzt werden. Diese Werte sind so tief in Ihre Seele eingebettet, dass Sie letztlich gar nicht anders können, als ihnen Ausdruck zu verleihen, wenn Sie in ehrlichem Kontakt zu sich selbst sind. Sie lassen Sie weit über sich selbst hinaus wachsen und sobald Sie sich trauen, den Impulsen nachzugeben und zu gehen, die dieser innere Aufenthaltsort Ihnen schickt, wird es eines Tages so sein, dass Ihnen das Schützen und Vertreten dieser Werte wichtiger ist, als Ihr eigenes Leben.

Ihre Werte sind Ihnen Bedürfnis geworden.
Ab diesem Moment beginnt Ihre Unbestechlichkeit. Und Ihre Freiheit.

Die Kernwerte sind der Hebel schlechthin, um sich aus den kulturellen Annahmen herauszuschälen, es ginge in diesem Leben darum, etwas zu haben oder zu bekommen. Assets, Aufmerksamkeit, Frauen, Spielzeuge, Sicherheit, Vorsprung.

Beispiele für Kernwerte sind: Wahrheit, Gleichheit, Gerechtigkeit, Freiheit, Vielfalt, Menschlichkeit, Mitgefühl, Freundschaftlichkeit, Güte, Natürlichkeit, Freundlichkeit, Sanftmut, Integrität, Grosszügigkeit, Verständnis.
Wirkliche Erfüllung kommt durch den eigenen Beitrag. Dieser entsteht in dem Moment, in dem Ihre Werte beginnen, zu Ihren Bedürfnissen zu werden.

Sie erkennen Ihre Kernwerte dort, wo Sie berührt sind. Wo Ihnen etwas Schmerz bereitet, Sie empört, wütend oder leidenschaftlich werden lässt. Vielleicht müssen Sie weit zurück gehen in Ihre Kindheit und sich Schritt für Schritt daran erinnern, was Sie einst verstört und aufgebracht, in Bewegung, aber auch in Gewissheit versetzt hat, dass Sie richtig sind, sobald Sie diesem Impuls folgen, selbst wenn Ihnen das so nicht „beigebracht" wurde und Sie sich damit von Ihrer Familie deutlich unterschieden haben und auch heute noch würden.

Haben Sie bitte Geduld mit sich an dieser Stelle. Es kann dauern, bis diese entdeckt und freigeschält werden, denn Sie haben sehr früh gelernt, sie zu überhören und stumm zu schalten, etwas anderes wichtiger zu nehmen.

Meine deutliche Einladung an Sie ist, sich selbst das Versprechen zu geben, sie kennen lernen zu wollen!

Aus meiner bisherigen Erfahrung mit dieser Arbeit kann ich Ihnen garantieren, dass das Leben sich ausdehnen und Ihnen so zahlreiche, wie ungewöhnliche Gelegenheiten bieten wird, wieder in Kontakt mit ihnen zu kommen!

- Vision

Und zwar eine positive.
Eine positive Vision für sich und die Welt ist das Gegenteil eines Weltuntergangs- und Verschwörungs-Szenarios. Es ist ein Bild, ein Szenario, das Sie zutiefst beseelt und beflügelt.

Es ist Ihr heiliger Traum. Die Welt, die Sie in Ihrer Bugwelle hinterlassen, wenn Sie hier in Ihrem Höchsten Potential durchgelaufen sind.
Erinnern Sie sich an die berühmte Rede von Martin Luther King" I have a dream...?"
Das war *seine* Vision. Und entsprang seiner Begabung, eine verbindende Vision für Schwarze und Weisse, für alle Amerikaner zu entfachen. Diese heute so berühmte Rede war übrigens spontan und ungeplant. (15)

Sie tragen in sich eine vergleichbare Vision, einen, *Ihren* heiligen Traum, ein seelisches Bild Ihrer vollkommenen Welt. Diese Vision ist ganz einzigartig und nicht vergleichbar mit dem Traum, den eine andere Person in sich trägt. Auch wenn die generelle Sehnsucht der meisten Menschen sich ähnen mag, so ist doch der Bereich, der spezifische Aspekt der individuellen Vision sehr verschieden. Sie kann sich auf Gleichheit bzgl. Hautfarbe, Bildung, Geschlecht oder Wirtschaftsmacht beziehen. Auf Gleichgewicht der Natur. Speziezismus, Sexismus, Philosophie, Kunst, Schönheit, Klang, Glücklich Sein, Kommunikation, Sexualität, Ordnung, Wohnen, Gesundheit, Nahrung, Bewegung, Architektur, Technologie oder Erleuchtung, all dies können Gebiete dieser tiefen, inneren leidenschaftlichen Widmung sein.

Dieser Ihr Traum ist immer da und er wartet nur darauf, entdeckt zu werden.

Das wird uns allerdings nicht ganz einfach gemacht. Denn wir lernen von anderen die Notwendigkeit, „Recht zu haben", die Befriedigung, etwas realistisch zu sehen, auf dem Boden der Tatsachen zu bleiben, in möglichen Debatten glaubwürdig und faktenorientiert bestehen zu können und so fort. Das kann leicht dazu führen, pessimistisch, fatalistisch oder defätistisch zu werden in Bezug auf die eigene Zukunft.
Und die der gesamten Menschheit.

Wer sich konsequent eine wundervolle Zukunft für uns Menschen und diesen Planeten bastelt und innerlich daran festhält, gilt leicht als Träumer, Idealist, weltfremd oder Eskapist. Es scheint allgemein wesentlich leichter zu sein, in Bezug auf Katastrophen recht zu haben.

Unabhängig davon, ob wir damit mit-erschaffen, was wir eigentlich nicht möchten (Sie erinnern sich: Das stärkste Motiv setzt sich durch!), wird natürlich damit auch die Gegenwart dunkler und schwerer.
Das jetzige Jetzt und das zukünftige Jetzt haben aber den gleichen „Geschmack". Es ist unmöglich, etwas über die Zukunft zu denken, das nicht unmittelbare Auswirkung auf Ihren gegenwärtigen Moment hätte. Und anders herum.
Daher kommt Ihrer Vision, Ihrem heiligen Traum so eine enorme Bedeutung zu. Aus ihm werden die Fäden für Ihren Weg gesponnen.

Sie erkennen Ihre Vision außerdem dort, wo Sie tief berührt sind. Und was sie unglaublich aufbringt. Was Sie gerne anders hätten, wenn Sie in die Welt sehen. Vision kommt aus einer Ebene unseres Bewusstseins, die nicht verwurzelt ist in der gegenwärtigen Welt und auch nicht auf sie reagiert.
Man könnte fast sagen, Ihre Vision kommt aus der Zukunft. Und zwar einer Zukunft, in der Sie gerne leben möchten. Und die Sie sich für die übernächste Generation wünschen.
Es ist eine Art belebter Film in Ihrer Vorstellung, wie es sein könnte.

Über den alten walisischen Zauberer Merlin wird gesagt, er habe sein Leben rückwärts gelebt.
Ich finde, es ist gleich, ob er nun real gelebt hat und wer er genau war, oder ob er tatsächlich eine Sagengestalt ist - davon können wir uns inspirieren lassen!

Er wusste demnach also früh, wofür sein Leben stehen sollte, was der Endpunkt seines gelebten Lebens war. Und hat „unterwegs", also an unterschiedlichen Punkten seines Lebens von diesem zukünftigen Endpunkt, in „Rückschau" auf sein Leben, ins Jetzt geblickt, um zu wissen, was genau jetzt zu tun ist, um diesen Endpunkt korrekt zu erreichen.
Spannende Vorgehensweise, finde ich.

Daraus ergibt sich, dass „Vision" nicht etwas ist, was uns irgendwie widerfährt oder was wir uns einfach ausdenken können. Vision ist ganz klar eine Fähigkeit, und zwar die, eine gewünschte Zukunft konsequent fühlend zu sehen, ganz

unabhängig von den gegenwärtigen Umständen, egal wie bedrohlich, traurig, grau oder sinnlos es jetzt aussehen mag.
Vision weiß: alles worauf ich reagiere, reaktiviere ich. Alles worauf ich nicht reagierend sehe und bewusst mit meiner Vision belege, überschreibe, wandle und erschaffe ich.

Ihre Vision ist Ihr Leuchtturm. Sie können nicht wissen, ob Sie dort jemals ankommen werden. Aber Sie wissen, wenn Sie sich von ihm leiten lassen, dass sie auf dem für Sie richtigen Weg sind und Ihr Leben damit verbracht haben, stetig in seine Richtung zu navigieren und auf dieser Fahrt das zu tun, was nur durch Sie getan werden kann. Je mehr ihre gegenwärtigen Handlungen aus dieser Frequenz, diesem Duft, diesem Geschmack, den Farben und dem Licht Ihres persönlichen Leuchtturms gespeist sind, umso wahrscheinlicher wird es, *dass* Sie dort ankommen. Denn die Zukunft ist kein Ort, der anders ist als Jetzt. Die Zukunft, wenn sie eintritt, ist ein weiteres Jetzt. Deswegen ist es sinnvoll, dem Jetzt soviel wie möglich von diesem „zukünftigen" Geschmack hinzuzufügen.

„Ich bin fühlender, denkender, handelnder Teil einer besseren Welt".
Ich fühle, sehe, denke, handle die zukünftige bessere Welt in die Gegenwart hinein, egal wie diese jetzt aussieht.

- Die Antwort sein

Dies ist ein **Leadership-Prinzip**.
Dieses Prinzip holt Sie am allermeisten aus der unwillkürlichen Reaktion auf die unterschiedlichen Angebote Ihrer Umgebung.

Im Englischen ist es deutlicher: "To respond" versus „to react".
To Respond bedeutet: Eingehen auf. Responsibility bedeutet: Verantwortung.

Damit ist also gemeint: Auf beantwortende Weise eingehen auf die Geschehnisse in Ihrem Universum. Sie als Spieleinladung betrachten, jede Gelegenheit nutzen,

um mehr von dem zu sein, was Sie in dieser Welt sein möchten. Mehr von dem zu sein, was Sie in Ihrer Kindheit vermisst haben. Was Sie in Ihrer Gegenwart vermissen. Die Antwort auf das zu sein, was Ihres Erachtens in der Welt fehlt. Be-Antworten. Ver-Antworten.
Und ... der universelle „Kleber", der all das zusammenhält und verschweisst... ist natürlich die....

...Liebe!

Dies ist selbsterklärend. So hoffe ich jedenfalls. In meinem Verständnis ist Liebe zuallererst **eine Haltung, eine Wahl und eine Fähigkeit**. Und wahrlich nicht immer ein Gefühl.

> *Wenn ich in den Sprachen der Menschen und Engel redete,*
> *hätte aber die Liebe nicht, wäre ich dröhnendes Erz*
> *oder eine lärmende Pauke.*
> *Und wenn ich prophetisch reden könnte*
> *und alle Geheimnisse wüsste*
> *und alle Erkenntnis hätte;*
> *wenn ich alle Glaubenskraft besäße*
> *und Berge damit versetzen könnte,*
> *hätte aber die Liebe nicht, wäre ich nichts.*
> *Und wenn ich meine ganze Habe verschenkte*
> *und wenn ich meinen Leib dem Feuer übergäbe,*
> *hätte aber die Liebe nicht, nützte es mir nichts.*
> *Die Liebe ist langmütig, die Liebe ist gütig.*
> *Sie ereifert sich nicht, sie prahlt nicht, sie bläht sich nicht auf.*
> *Sie handelt nicht ungehörig, sucht nicht ihren Vorteil,*
> *lässt sich nicht zum Zorn reizen, trägt das Böse nicht nach.*
> *Sie freut sich nicht über das Unrecht, sondern freut sich an der Wahrheit.*
> *Sie erträgt alles, glaubt alles, hofft alles, hält allem stand.*
> *Die Liebe hört niemals auf.*
>
> *Hohelied der Liebe (1. Korinther, 13)* **(16)**

Ihre Mission beschreibt unter Anderem auch, wie *Sie* Liebe ausdrücken. Wie Sie Liebe sind. Was Liebe für *Sie* ist. Für manche bedeutet es: Geborgenheit geben. Mütterlichkeit. Nicht urteilen. Für Andere: Den Weg Richtung Freiheit und Entfaltung weisen. Entwickeln helfen. Das liegt eben wieder in Ihrer Individualität!

Was ist es für Sie? Wie geben Sie Liebe? Wie *sind* Sie Liebe? Was ist für Sie der größte Ausdruck von Liebe? Oft erkennen andere Menschen, wie wir selbst geliebt werden wollen an der Art, wie wir lieben.

> *Freundlichkeit ohne LIEBE macht heuchlerisch, Verantwortung ohne LIEBE macht rücksichtslos,*
> *Erziehung ohne LIEBE macht widerspruchsvoll, Wissen ohne LIEBE macht rechthaberisch,*
> *Pflicht ohne LIEBE macht verdrießlich, Gerechtigkeit ohne LIEBE macht hart,*
> *Ehre ohne LIEBE macht hochmütig, Besitz ohne LIEBE macht geizig,*
> *Ordnung ohne LIEBE macht kleinlich, Wahrheit ohne LIEBE macht kritisch,*
> *Klugheit ohne LIEBE macht gerissen, Macht ohne LIEBE macht gewalttätig,*
> *Glaube ohne LIEBE macht fanatisch, So lass die LIEBE in Dein Leben - sie verwandelt es.*
> *Denn Leben ohne LIEBE ist sinnlos - Leben in LIEBE aber göttlich.*
>
> *Verfasser unbekannt*

Um das auf unser Mission-Thema zu übersetzen:

Vision ohne Liebe ist kalt, gefühllos und unbelebt.
Individualität ohne Liebe ist narzisstisch.
Service ohne Liebe ist Aufopferung.
Kernwerte ohne Liebe ergeben falsches Heldentum.
Die Antwort sein ohne Liebe ist hart.

Somit sollte verständlich sein, warum die Liebe der „universelle Kleber" ist, um unsere Mission-Zutaten zusammen zu halten.

(Ich habe einmal aus reiner Freude alle Zutaten daraufhin überprüft, ob es sie zusammen wirkend wirklich braucht:
Vision ohne Individualität ist unkörperlich und unmenschlich
Service ohne Individualität ist Gleichschaltung und Fremdbestimmung
Kernwerte ohne Individualität ist Funktion
Liebe ohne Individualität ist unpersönlich und unverkörpert
Liebe ohne Antwort sein ist verantwortungslos

Individualität ohne Vision ist orientierungslos und eng
Kernwerte ohne Vision sind wie ein Tiger im Käfig
Service ohne Vision ist Mühsal.
Liebe ohne Vision ist überschaubar
Die Antwort sein ohne Vision ist orientierungslos

Individualität ohne Service ist egozentrisch
Kernwerte ohne Service sind verschossenes Pulver.
Liebe ohne Service ist richtungslos und blass
Vision ohne Service bezieht sich selbst nicht ein.
Die Antwort sein ohne Service ist besserwisserisch und herablassend.)

Das sind also die Zutaten Ihrer Mission!

Ihr unsichtbarer Becher, Ihre Haut, Ihr metaphysischer Kontext, der sie umgibt, während Sie sich durchs Leben handeln und aus dem heraus sie sich durch Leben handeln.

Mit meinen Coachees erarbeite ich daraus ein **Mission Statement**. Das Mission Statement ist eine sehr kraftvolle und für sie tief bedeutsame Deklaration, wer sie beschlossen haben, ab jetzt zu sein. Welcher Qualität sie sich im Alltag widmen.
Das Mission Statement ist Ihre heilige Mission in Worte gefasst.
Es ist gleichzeitig der magische Mission Code, der die Energie, die Haltung,

die Kraft, die Ausrichtung der Mission „freischaltet" und zwar mit jedem Mal mehr, mit dem Sie mit ihm arbeiten und in dem Maße, wie Sie mit ihm arbeiten.
Ich gebe Ihnen hier noch einige weitere Beispiele für Mission Statements.
Sie können Sie gerne „anprobieren". Und überprüfen Sie für sich, ob Sie die oben beschriebenen Eigenschaften und Zutaten fühlen können.

„Ein Leben ON MISSION ist eine kreative Reise aus Führung, Verantwortung und Inspiration durch eine Welt voller Liebe, Wahrhaftigkeit und Zuversicht im Einklang mit der Schöpfung."

„Ich bin ein liebevoller verbindender Wanderer zwischen allen Welten. Ein anziehender Magier der Schönheit, der Künste und der unaufhaltsam ansteckenden Kreativität. Für das höchste Potential das in kosmischer Harmonie in allen und in allem ewig groovt und rockt."

„Ich bin ein herzlicher, humorvoller und ausgeglichener Menschenfreund in einer Welt, die geprägt ist von Respekt gegenüber anderen Lebewesen und der Natur, von Menschlichkeit und Gemeinsinn, Gerechtigkeit und geistigem Reichtum."

„Ich bin die weibliche Kraft, Macht und Weisheit des geöffneten Herzens, ein strahlendes Licht und die wilde Hingabe an die göttliche Liebe, die kreativ, wahrhaftig, lebendig und ausgelassen Alles heilt, hält und verbindet."
(17)

Warum es gerade heutzutage so wichtig ist, die eigene Mission zu kennen

> Saving Civilization is Not a Spectator Sport.
> Die Rettung unserer Zivilisation ist kein Zuschauersport.
> Lester R. Brown (18)

> Vor der Erleuchtung - Wasser holen, Holz hacken. Nach der Erleuchtung - Wasser holen Holz hacken. Altes Zen-Sprichwort, Verfasser unbekannt

> Es war die beste aller Zeiten, es war die schlechteste aller Zeiten, es war das Jahrhundert der Weisheit, es war das Jahrhundert
> der Dummheit, es war die Epoche des Glaubens, es war die Epoche des Unglaubens, es war die Periode des Lichts, es war die Periode der Düsternis, es war der Frühling der Hoffnung, es war der Winter der Hoffnungslosigkeit, wir hatten noch alles vor uns, wir hatten nichts mehr vor uns, wir waren direkt auf dem Weg in den Himmel, wir bewegten uns direkt in die entgegengesetzte Richtung ...
> Charles Dickens (19)

In dieser langjährigen Beschäftigung mit Menschen und mit dem, was sie bewegt, bin ich zu einem Schluss gekommen: Es gibt zwei große Träume auf diesem Planeten.

Der eine lautet: „Menschen leben in Frieden und Harmonie mit sich, anderen Lebewesen und diesem Planeten."

Ich befrage ja nun schon lange Menschen nach ihren tiefsten Sehnsüchten und bin dabei behilflich, zu diesen vorzustoßen - und dies ist stets die letzte, oder tiefste, die sich zeigt, sozusagen der Bodensatz des individuellen heiligen Traums. Die Bedingungen und Aspekte dafür können sich unterscheiden, bei dem einen

geht es um Frieden der Völker, bei der anderen Harmonie mit der Natur. Eltern und Kinder, Arbeitskollegen, Weltwirtschaft, Menschen und Tiere, unterschiedliche Religionen in friedlicher Co-Existenz, Menschen in Frieden und Harmonie mit ihrem Körper, der jeweilige Ausschnitt und Blickpunkt kann also völlig variieren.
Der gemeinsame Nenner ist aber stets der oben geschriebene Satz.

Der zweite Traum lautet: Ich habe absolute Kontrolle über die Welt, alle Umstände, alle Lebewesen und alle Ressourcen darin. Allmacht über alle Materie und damit völlige Unabhängigkeit.

Wenn ich in die Welt blicke, sehe ich beide Träume exponentiell wachsen. Wenn Sie dieses Buch lesen, dann, weil Sie die Spielregeln für *beide* Träume kennen, und sie spielen können, unabhängig davon, welcher Ihnen näher oder lieber ist.
Die Spielregeln für beide Träume wurden Ihnen beigebracht, durch Ihre Eltern, Geschwister, Medien, Mitschüler, Lehrer, Pfarrer, Idole und so fort.

Ich habe den Eindruck, wir sitzen in einem multidimensionalen Zuschauerraum und beobachten, wie diese beiden Träume auf ihre ultimative Schlacht zulaufen, deren Teil wir selbst sind.

Beide gleichzeitig können auf Dauer nicht existieren.
Der eine Traum basiert auf Liebe, Hoffnung, Zuversicht, Schönheit, Toleranz und Verstehen, Mitgefühl und Empathie, Güte und Großzügigkeit. Hier wird der Mission-Kontext generiert.
Der andere Traum basiert auf Angst und Unterdrückung.

Die *Vision* ist **Ihr** Traum bzw. ihr spezifischer Aspekt darin.
Die *Kernwerte* sind Ihre individuelle Frequenz zur Befähigung dazu.
Service und *die Antwort sein* sind Ihre Handlungsimpulse, die Ihren Traum tagtäglich in Ihre Realität übersetzen und so den Traum in sich selbst und der Welt nähren und stärken.

Liebe ist der Schlüssel für die Kinotüre. Die Liebe entscheidet, welcher Traum es sein wird, dem Sie Ihre Existenz mitgestaltend widmen.

Versuchen Sie es: Sie können selbst unmöglich gleichzeitig Liebe und Angst fühlen.
Eine kleine Übung dazu, wenn Sie mögen: Schliessen Sie Ihre Augen und lassen sich zwei Wesen oder Ereignisse zeigen, die in Ihnen die jeweils stärksten Gefühle von Liebe bzw. von Angst hinterlassen haben. Vertrauen Sie Ihrer Intuition und akzeptieren das erste Bild, das sich jeweils zeigt. Nun nehmen Sie sich zuerst die Angst vor. Erinnern Sie sich an die Situation und spüren Sie, wo im Körper die stärkste Empfindung ist. Nun nutzen Sie Ihren Atem und fachen Sie diese Empfindung bewusst an, als würden Sie in eine kleine Flamme pusten, um sie größer werden zu lassen. Wenn Sie von den Gefühlen von damals fast geflutet werden, sich Herzklopfen o. Ä. einstellt, haben Sie es gut gemacht.
Nun holen Sie sich sofort Ihr „Liebesbild" und schauen, was passiert. Geht es? Passt es? Passt Ihre Empfindung zu dem Bild? Oder interpretieren Sie vielleicht sogar Ihr „Liebesereignis" plötzlich mit den Augen der Angst?

Dann atmen sie dreimal sehr bewusst ein und aus, entlassen mit dem Ausatmen alle Gefühle, schütteln sich einmal kurz durch und nehme sich dann Ihr Liebesbild vor. Intensivieren Sie dieses genauso, bis Sie schmelzen oder freudvolles Herzklopfen fühlen oder wie sich dieses Gefühl eben in Ihrem Körper ausdrückt.
Nach dem Anfachen schieben Sie nun plötzlich das Angstbild darüber.
Beobachten Sie, was geschieht.
Ich bin mir sicher, Sie werden feststellen, dass sie beide Gefühle nacheinander durchaus spüren können - aber nicht gleichzeitig. So ist es auch mit Beziehungen - es kann sein, dass wir uns in Beziehungen befinden, die mal Liebe und mal Angst auslösen und daher beide Gefühle innerhalb dieser Beziehung vorhanden sind - aber nie gleichzeitig.

Sie können also unmöglich Teil der Lösung und gleichzeitig Teil des Problems sein.

Ihre Mission, Ihr heiliger Traum ist eingebettet in einem Ort unterhalb all dessen, was sie durch die Welt über sich selbst gelernt haben. Dieser Mission-Kontext, Ihr Seelencode, ist, sobald freigelegt, wiederum stark genug, Sie darüber hinauswachsen zu lassen, was die Welt Sie gelehrt hat, wer Sie sind.
Auf diesem Weg haben Sie mehrere Herausforderungen zu meistern.

Ängste
Man sagt, in unser Stammhirn sind fünf zentrale Ängste von Anfang an eingespeichert, diese sind sozusagen „echt" weil Sie unsere erhöhte Überlebenswachsamkeit anwerfen: Angst vor Dunkelheit, Angst vor dem Fallen, vor Schmerzen, vor kriechenden Tieren und vor lauten Geräuschen.
Alle anderen Ängste sind *gelernt.*

Es gibt zum Beispiel den Begriff der „German Angst", der besagt, dass besonders die Deutschen ein Volk der Bedenkenträger und Hochversicherer sind und in unterschiedlichen Studien zur Angstintensität weltweit ziemlich vorne liegen. Neurobiologen haben außerdem nachgewiesen, dass Traumata, aber vor allem die biochemischen und neuronalen Reaktionen auf Traumata in unser Erbgut wandern, wir also tatsächlich Ängste und Reaktionen darauf „erben" . Wiederum lassen sich diese gespeicherten Autopilot-Reaktionen auch wieder überschreiben. [20]
Sie haben also Ihre internen Ängste zu meistern *und* die daran geknüpften, gewohnten Handlungsformen, um die Angst in Schach zu halten, die Sie von der Welt gelernt, wahlweise geerbt haben.

> *Environment is stronger than will power. Umgebung ist stärker als Willenskraft.*
> Buckminster Fuller [21]

Und die Ängste, die sie überall um sich herum vorfinden, also in Menschen, Feldern, Räumen, Beziehungs-Gestaltungs-Kulturen um sich herum, die angefüllt sind mit den Ängsten, die alle *anderen* Menschen von der Welt gelernt oder geerbt haben.
Sie kennen das doch bestimmt: Sie betreten einen Raum und sagen etwas wie: „Die Atmosphäre hier ist aber düster. Oder geladen. Oder wohlig."
Gefühle haben eine „Frequenz" und wir können diese unmittelbar empfinden.

Es kann also gut sein, dass Sie zwar Ihre eigenen, biographischen Ängste bemeistert haben, aber dennoch all Ihre *Umgangsformen* mit Angst anspringen, sobald Sie in ein angstgeladenes Feld geraten. Die Reaktion ist dann jeweils wieder individuell, von Aggression und Alpha-Gepolter bis hin zu Beschwichtigen, Einfrieren, Rückzug und Weglaufen - alles möglich.

Solange das so ist, sind Sie ebenfalls noch Teil des Problems.
Sie brauchen daher einen Navigator, der von diesen gelernten Ängsten *nie berührt* wurde.

Ich möchte das Ganze jetzt etwas differenzierter aus **drei verschiedene|n Gesichtspunkten** bzw. für drei unterschiedliche Ebenen beleuchten und belegen.

~ **Individuelle/ persönliche Gründe für die Lebensmission**
~ **Gesellschaftliche Gründe**
~ **Globale Gründe**

Ich habe Ihnen ja im vorherigen Kapitel bereits dargelegt, dass wir nach meinem Dafürhalten in einer Welt leben, die die Wirkung mit der Ursache verwechselt. (Erringen, sammeln und haben und daraus positive Seins-Zustände ableiten: Wohlbefinden, Sicherheit, Geborgenheit, Macht, Freiheit.)

Daher wird es nichts nützen, beispielsweise Ihr Traumhaus auf der Trauminsel zu haben, wenn Sie Ihre Songline, ihr persönliches Dharma noch nicht kennen und daher nicht wirklich *sind*, was Sie sind.
Wenn es einmal errungen, gefunden, freigelegt, entborgen, enttarnt wurde,

und Ihr magisches Leben beginnt, sich zu entfalten und Fahrt aufzunehmen, werden alsbald innen und außen, Metaphysik und Physik, Geist, Gefühl und Materie zusammenpassen. Wer Sie sind, was Sie tun, was Sie haben, Ihre Früchte und Ergebnisse sind „aus einem Guss" und werden sich für Sie und auch für Außenstehende auf äußerst anziehende und schlichte Weise großartig und natürlich anfühlen. Als sei es immer schon so gewesen. Sie sind „zuhause" Dieses „Zuhause sein" kommt zustande, weil Ihr Sein, Denken, Fühlen, Handeln und Ihre Ergebnisse auf drei Ebenen **Deckungsgleichheit** besitzen, also *kongruent* sind.

Für das Klarziehen Ihrer Lebensmission und warum sie heutzutage so wichtig ist, brauchen Sie ein tiefes Verständnis dieser drei Ebenen und Ihrer eigenen Verortung *darin*.

Diese drei Gesichtspunkte | Ebenen sind:

1) Sie selbst, Ihr intimes Innenleben, Ihr „Forum Internum".

Der Ort, an dem sie mit sich, Ihren Gedanken, Gefühlen, Ihren Erinnerungen und Reaktionen alleine sind.

2) Die Schnittstelle zu ihrer unmittelbaren Umgebung, zu allem, was direkt auf Sie, Ihren Geist und Ihren Körper einwirkt.

Es ist die Ebene, auf der „Beziehung geschieht" also die Kontaktschleuse, in der das Wasser der Welt sozusagen in Ihren eigenen Pool schwappt und sich mit dessen Wasser vermischt, wenn Sie das zulassen. Dazu gehören: Lebenspartner|in, Kinder, Herkunftsfamilie, Ihre Nahrung und der Ort, von dem Sie sie beziehen, Ihre Arbeitsstelle, Ihre Kollegen, Ihr Boss, Ihr Konto bei Ihrer Bank, die KiTa Ihrer Kinder, die Schule Ihrer Kinder, Ihr Wald, in dem Sie mit Ihrem Hund joggen gehen, Ihre Kleidung, Ihre Behausung, Ihre Haustiere, Ihr Hobby, Ihre Freunde, Ihr Fernseher, Ihre Zeitung, Ihr Yoga- oder Meditations- Zentrum, Ihre Uni mit Ihrer Professorin, Ihr Fitnesscenter, Ihre Kirche mit Ihrem Pfarrer, Ihre spirituelle Lehrerin.

Alle Komponenten also, in denen sich Ihr privates und berufliches Leben direkt abbildet und mit denen Sie persönlich interagieren.

3) Das „Da draußen".

Die andere Seite des Planeten. Eine Favela in Südamerika. Eine Luxusvilla auf Barbados. Die Shareholder des Unternehmens, für das Sie arbeiten (die Sie nicht kennen, weil deren Firmen möglicherweise in England oder USA oder Russland ihren Sitz haben). Das größte Hotel in Dubai, der Bauer in Bhutan, der Nordpol, die Politik, die Wirtschaft, Naturkatastrophen (woanders als vor ihrem Haus), Krieg (woanders als in Ihrem Land), der Bananenpflücker in Rio, die Großkunden Ihrer Bank, Flora und Fauna dieses Planeten und alle anderen 7,01 Milliarden Menschen in ihren Behausungen (sofern sie welche haben), die Sie nicht kennen, sowie deren Lebensumstände, die sie ebenfalls nicht kennen. Sämtlicher Flug-, Eisenbahn- und Autoverkehr, in dem Sie nicht gerade selbst sitzen. Also **Alles, was gleichzeitig mit Ihrem Leben auf diesem Planeten stattfindet, aber außerhalb ihres Aufmerksamkeitsradars ist.**

Ob Sie es wollen oder nicht, ob es Ihnen bewusst ist oder nicht- alle drei Bereiche haben Auswirkungen aufeinander. Gemäß einer Art "trickle-down"-Prinzip (22) schwappen die (menschengemachten) Gesetze der Welt in Ihre mittlere, Ihre unmittelbare Weltkontaktschnittstelle und von dort in Ihr Inneres.

Und die Antworten, die Sie darauf geben, Ihre Reaktionen, Ihre Umgehensweise wandern umgekehrt über Ihre Beziehungen zurück in die „große Welt da draußen".

> *How you do anything, is how you do everything*
> *Wie du etwas tust, tust du alles. Altes Zen-Sprichwort*
> *The way, you do anything is the way you do everything.*
> Tom Waits **(23)**

Die meisten Menschen haben zu irgendeinem Zeitpunkt ihres Lebens eine strikte Trennung vorgenommen zwischen ihrem Forum Internum und den nächsten beiden Ebenen. Zwischen dem, *wer ich wirklich bin und dem, was meine Rolle und Funktion von mir verlangt, die ich erfülle. Zwischen dem, was mir wirklich liegt und Freude macht und dem, wie ich es an dem Markt anpasse, damit es auch gekauft wird. Zwischen dem, was ich eigentlich fühle, und den Verfahrensweisen, die ich gewählt habe, um andere vom Gegenteil zu überzeugen, Aufmerksamkeit zu bekommen, oder ihr Geld, ihre Liebe, ihre Bewunderung.*

> *Eigentlich bin ich ganz anders, ich komme nur so selten dazu.*
> Ödön von Horvath **(24)**

Dabei lässt sich eben *nichts von nichts* trennen. Alles, was Sie gelernt haben, um „da draußen" zu überleben, wird sich direkt in Ihren unmittelbaren Beziehungen widerspiegeln. Wenn Sie wissen wollen, was in Ihrem Geist los ist, aus welchem Kontext heraus Sie tagtäglich agieren, bewusst oder unbewusst, schauen Sie sich die Menschen und ihr Befinden in Ihrem unmittelbaren Bezugsfeld an.

Gehen wir noch einmal in Ebene drei - die „Außenwelt".

Das letzte Zitat am Eingang dieses Kapitels von Charles Dickens hat er als Einleitung zu seinem Roman „Eine Geschichte aus zwei Städten" geschrieben. Das war 1859.

Ich finde dieses Zitat heute aktueller denn je. Es wird derzeit konsequent viel schneller viel schlimmer.

Über sieben Milliarden Menschen sind wir inzwischen auf diesem Planeten. Die Erde könnte 11 Milliarden Menschen ernähren, laut Jean Ziegler **(25)**. Dennoch legt sich derzeit etwa jeder 8. Mensch hungrig zum Schlafen nieder („Ins Bett" wäre nicht zutreffend gewesen). Wir leben in einem Wirtschaftssystem, das konsequent viele Menschen zu hohen Verlierern und immer weniger Menschen zu Höchstgewinnern macht. Jedenfalls materiell.

Ich weiß noch, in den Achtziger-Jahren des vergangenen Jahrhunderts (und Jahrtausends!) gab es euphorische Zukunftsvisionen davon, wie der

Familienvater nur noch zehn Stunden zur Arbeit gehen muss und den Rest der freien Zeit mit der Familie verbringen kann, da die Automatisierung und die Digitalisierung menschliche Arbeitskraft überflüssig machen wird. Das hat zwar so stattgefunden, aber der Share ging nicht an die Allgemeinheit. Sondern an die Shareholder. Die Gewinne daraus wurden nicht mit allen geteilt sondern mit den Kapitalanteilhabern. Wir haben also nicht mehr Freizeit, sondern nur weniger Arbeit. Es bleibt als Kollateralschaden ein Heer von derzeit etwa sieben Millionen Hartz IV-Empfängern, die auf ein Existenzminimum reduziert und auf noch weniger sanktioniert werden und für Unternehmer ein billiges Heer an subventionierten Arbeitskräften stellen, ganz im Sinne der globalen Wettbewerbsfähigkeit durch Niedriglöhne. Tatsächlich hat es aufgrund von Hartz IV und den Verfahrensweisen in den Ämtern erste Tote gegeben. Wir leben nach wie vor in einem Wirtschaftssystem, das sich alle achtzig, neunzig Jahre durch einen Weltkrieg erneuern muss. Wir sind gerade wieder gefährlich nahe dran mit Blick in die Ukraine und auf den nicht enden wollenden Flüchtlingsstrom aus Kriegsgebieten nach Europa.

Großkonzerne besitzen die gleichen Rechte wie eine einzelne Persönlichkeit und sie haben das Recht, ja sogar die Pflicht auf Selbsterhalt. Erhalte dich selbst, erzeuge also Profit, zahle an die Allgemeinheit in Gestalt von Steuern für den Nutzen der allgemeinen Güter. *Als Einzelperson nicht so wild.* Bislang ist eine Einzelperson rechtlich nicht verpflichtet, zu jedem Zeitpunkt ihres Lebens ihren ökologischen und sozialen Fußabdruck (26) zu verbessern. *Als Einzelperson nicht so wild.* Nun können Großkonzerne, Inc.s und AGs, aufgrund ihrer globalen Ausbreitung aber mühelos wesentlich mehr Schäden anrichten, als es ein einzelner Mensch in seinem Leben je erreichen könnte. Die Leitung dieser „Einzelperson" Konzern ist nur dem Wohl der Shareholder, der Profitmaximierung, also: Dem Selbsterhalt verpflichtet. Nicht dem allgemeinen Wohl.

So ist die umfassendste Räuberung des Planeten seit Menschengedenken eine logische Folge und sie ist inzwischen an einem Punkt angelangt, der klimatisch, sozial, ökologisch, kulturell jede Art von natürlichem Leben korrumpiert. Wir sind mitten im größten Artensterben seit der Eiszeit, täglich verschwinden 130 Tier- und Pflanzenarten von diesem Planeten. Unwiederbringlich.

Das geschieht so still und unterhalb des allgemeinen Überlebens- und Katastrophen-Radars, dass die angemessene Trauer ausbleibt, wie es scheint. Das ist der Umstand, der mir persönlich am meisten von allen das Herz bricht.

Die jüngsten Berichte des Club of Rome, sämtliche Experten der Klimaschutzkonferenzen etc., sagen einhellig aus, dass es jetzt nur noch um „Resilienz" gehen könne, denn „Nachhaltigkeit" sei nicht mehr möglich.
Die Spirale ist zu weit fortgeschritten, die zerstörerische Entropie nicht mehr aufzuhalten. Soviel zu: Es wird immer schlimmer.
Die andere Seite ist: Es geschieht derzeit etwas vollkommen Gegensätzliches.

Mehr als zwei Millionen Organisationen weltweit, die sich für soziale Gerechtigkeit, Natur, Nachhaltigkeit, Ökologie, Tier- und Menschenrechte einsetzen, Tendenz steigend. Viele viele kleine Siege, Durchbrüche, Entwicklung von unzähligen Communities, Graswurzelbewegungen, Aktionen, Tausende und abertausende von Kampagnen, Projekte, Patente und Business-Modelle für soziale Gerechtigkeit, Tierschutz, Ökologische Nachhaltigkeit, humanes Wirtschaften, Spiritualität und Sinnstiftung, die kreativer, intelligenter und zauberhafter Teil eines menschenwürdige(re)n Lebens sind. Eine stetig ansteigende Zahl von Menschen mit selbständiger Tätigkeit mit wirklich innovativen Geschäftsideen und -modellen, die Sinn stiften, einen tatsächlichen Bedarf und reale Bedürfnisse beantworten.

Mehr und mehr Menschen wachen auf, steigen aus, fragen sich plötzlich, wem ihr Leben eigentlich gehört und ob sie das so wollen. Und, vor allem, was sie statt dessen wollen.

Eine Welle der allgemeinen Bewusstwerdung, die für manche langsam und stetig, für Andere völlig spontan, unvorbereitet und plötzlich vonstatten geht und alle Klassen und Schichten ergreift. Ein Automechaniker, der sich seine eigene Solaranlage installiert. Die WutMutbürger und Akademiker in der Stuttgart 21- Bewegung. Ein Pater, der das Klostervermögen sehr bewusst an der Börse anlegt. Ein Mitarbeiter in einer brutal und grausam geführten Kälbermastanlage, der mit dem Tierschutz zusammen Kälber herausschleust. Ein Kind, das begonnen hat, Bäume zu pflanzen und damit eine weltweite Kampagne gestartet hat.

Eine Frau und Mutter, die sehr erfolgreich ein ausschließlich nachhaltiges Unternehmen leitet. Der Arzt, der seinen Job in der Klinik aufgibt, um auf die Art und Weise Arzt zu sein, die er versprochen hat, und sich wirklich sehr viel Zeit für seine Patienten nimmt. Eine krebskranke Frau, die sich in ihrer zweiten Chemobehandlung die Schläuche aus dem Arm zieht, aufsteht und geht - und einen natürlichen Weg findet, gesund zu werden, trotz der Angst, die ihr die Ärzte machen. Der Investment-Banker, der noch morgens an den Occupy-Menschen vorbei zur Arbeit geht, sich ihnen nachmittags anschließt als einer der ihren und in der Woche darauf kündigt, noch ohne zu wissen, was danach kommt. Eine junge Mutter beginnt, den Weg nachzuvollziehen, den die Nahrung macht, bis diese den Mund ihres Babys erreicht. Oder die sich plötzlich daraufhin fragt, wann sie eigentlich gelernt hat, zwischen „Ess"-Tieren und Kuscheltieren zu unterscheiden. Und beginnt, sich und ihr Kind vegan zu ernähren.

Soviel zu: Es wird immer besser.

Um anschlussfähig an diese Welt zu sein, haben Sie zwangsläufig gelernt, beide Seiten in sich zu tragen und zu benutzen. Solange Sie nicht zu 100% wissen, wo *für* Sie sind, aus ihrem Innersten (ein-)stehen und gehen, solange wird Ihr Leben immer eine Mischform sein aus beiden „Bechern", Hüllen, Behältnissen, Identitäten.
Aus dem, was Sie genuin antreibt und dem, was die Gesellschaft Ihnen beigebracht hat, was Sie zugehörig sein lässt.

Sie werden nie sicher sein können, wie viel von dem, was sie täglich ausdrücken und handeln, auf Ausgleich, Widerstand, Vermeiden, „Schweinehund" und Kompensation beruht. Oder auf dem Wunsch nach Anerkennung, Liebe, Belohnung, Lob und Dabeisein, Aufmerksamkeit, Bestätigung, Status, Erwartung Anderer, Rollen, Funktionen, Nachahmung, Perfektion, Wettbewerb, Sicherheit, Macht und Kontrolle. Und wie viel auf dem, was Sie tatsächlich sind.

Sie werden daher nie sicher sein können, ob Sie nun das Richtige aus dem richtigen Grund tun oder aus dem falschen oder das Falsche aus dem richtigen oder aus dem falschen Grund.

Sie haben sich auf natürliche Weise angewöhnt, in beiden Teilen „zuhause" zu sein und eine Sprache zu sprechen, die zu beiden Teilen passt, in der Sie in beiden Teilen verstanden werden. Dazu gehört zum Beispiel, eine Trennung vorzunehmen zwischen sich und Funktion. Zwischen privat und beruflich. Zwischen Sexualität und Liebe. Zwischen Gott und Welt. Zwischen Ihren Bedürfnissen und denen des Partners. Zwischen dem Mann, der Sie „draußen" sind und dem Mann, der sie „zuhause" sind. Zwischen der Frau, die Sie in Ihrem Kopf sind, und der, die Sie in Ihrem Leben sind. Zwischen Shareholdern und der Lebensgrundlage für eine indigene Gemeinschaft. Zwischen „Ihrem Volk" und dem, gegen das man Sie möglicherweise gerade versucht, in einen Krieg zu schicken.

Wiewohl „darin zuhause sein" nicht zwangsläufig gleichbedeutend ist mit „sich wohl fühlen, gesund, glücklich, zufrieden, erfüllt sein": Es sind die vier Wände, die Sie kennen und in denen sich die meisten Menschen, die Sie kennen, ebenfalls eingerichtet haben. Die vertrauten vier Wände, die Sie nicht verlassen, obwohl sie sich darin nicht wohl fühlen und dieses Gefühl die meiste Zeit ignorieren.
Es ist eine ganz andere Art von Zuhause, die ich mit "Living on Mission" meine.

Das Hamsterrad ist eine (kulturelle) Komfortzone.

Anhand der jährlich massiv ansteigenden Zahl der sogenannten psychosozialen Störungen wie Burnout, Panikattacken, Mobbing dürfte inzwischen klar geworden sein, dass es sich dabei nicht um ein individuelles Problem handelt (Forum Internum und Schnittstelle eins) sondern um ein kulturelles. Also: Alle drei Ebenen betreffend.

In diesem Zusammenhang stellt sich die Frage, ob der Umstand, dass ein Mensch in einem dysfunktionalen System gesund ist, ein Anzeichen für Gesundheit oder für Krankheit ist… und umgekehrt: ob ein Mensch, der in einem dysfunktionalen System also krank wird, nicht eigentlich sehr gesund ist.

> *Es gibt kein richtiges Leben im falschen.*
> *Theodor Adorno* **(27)**

Ich denke auch: Es kann letztlich kein richtiges Leben im falschen geben.

Aber: Es kann ein immer richtigeres Leben in einem immer richtiger werdenden Leben geben.

Und hier liegt für mich die Lösung. Sie liegt eben in der **wachsenden Kongruenz**.

Solange Sie nicht ausgestiegen sind aus den inneren Konstrukten Ihrer Anschlussfähigkeit, werden Sie zwangsläufig auch weiterhin Teil des „Schlimmer" bleiben, bzw. des (für alle!) stetig schmerzhafter werdenden Spagats. Sie tragen mit jeder Handlung und mit jeder Entscheidung ganz automatisch ein Stück weit dazu bei, dass die Welt so bleibt, wie sie ist. Denn Sie fügen mehr vom Gleichen zum bereits existierenden Wasser hinzu.

Sie müssen sich daher zuerst „kulturell entwöhnen", also das demaskieren, was Sie kompatibel gemacht hat mit unserer Kultur, zumindest mit ihrem unbekömmlichen Teil. Wenn Sie ohne Entwöhnung einfach damit beginnen, Ihre Mission zu leben, wird vermutlich Ihr Stress zu groß.
Denn Sie haben sich bis zu diesem Zeitpunkt lange daran gewöhnt, Diener|in zweier Herren zu sein, mit unlösbaren Konflikten herumzulaufen, so dass Ihre Mission zu entwickeln auf dem Boden dieser Zweigeteiltheit zunächst den Spagat vergrössern und schließlich zu einer inneren Zerreißprobe würde.

In diesem Buch soll es nur um die philosophischen Betrachtungen zum Thema Lebensmission gehen, daher kann ich den Punkt, *wie* man sie denn nun findet, hier nur streifen.

Im Coaching-Prozess **Find your Mission!** ist der erste Schritt, die eigene Off Mission-Identität zu enttarnen, die Maske, die sie sich aufgrund der Botschaften aus Ihrer Umgebung angezogen haben und die Sie zum unbewussten Mitläufer und Mitträger der fremdbestimmenden Werte und damit einer fremdbestimmten Welt sein lässt.

(Über die Off Mission ID schreibe ich ausführlicher in eBook Nr 4. Den gesamten Prozeß finden Sie in eBook Nr. 7, 8 und 9)

> *Eine unserem Drang nach Wirken entsprechende und ihn klärende Weltanschauung schwebte uns Abendländern vor. Wir haben sie nicht aufzustellen vermocht. Nun sind wir einem desorientierten Drang zur Betätigung ausgeliefert. Ohne uns über die Welt und über unser Leben ind Klare kommen zu lassen, jagt uns der Geist unserer Zeit ins Wirken hinaus. Unablässig nimmt er uns für diese und jene Ziele, und für diese und jene Errungenschaft in Dienst.*
> *Er erhält uns im Tätigkeitstaumel, damit wir ja nicht zur Selbstbesinnung kommen und uns fragen, was dieses rastlose Hingeben an Ziele und Errungenschaften eigentlich mit dem Sinn der Welt und dem unseres Lebens zu tun habe.* Albert Schweitzer **(28)**

Erst danach ist es sinnvoll, sich der eigenen Mission zuzuwenden, die Ihnen dabei behilflich ist, sich aus diesen kulturellen Konstrukten herauszuhebeln, mehr und mehr Teil der Lösung zu werden und dabei fühlender und verbundener zu sein als je zuvor.

Denn die Trennung, wie oben beschrieben, ist bis dato das, was uns verbindet. Einer, der für mich wahnsinnigen Aspekte unsere Zivilisation. Uns verbindet, was uns trennt. Ein absurdes Paradoxon.

Eine der Geschichten, die das für mich sehr plakativ verdeutlicht ist die Geschichte von H&M, Sumangali und das Label L.O.G.G.

Über das „Sumangali-Schema" wurde in dem im Mai 2011 veröffentlichten Bericht "Captured by Cotton" des niederländischen SOMO Forschungszentrums für multinationale Unternehmen und des Indien Komitees der Niederlande ausführlich berichtet. Für den Report wurden vier Textilfabriken untersucht. In diesen soll auch für die Firmen ASOS, Bestseller, C&A, Grupo Cortefiel, H&M, Mothercare, Next, Primark und Tesco produziert worden sein.

Die Vorwürfe des Berichts von 2011 zeichneten ein schockierendes Bild vom Alltag der jungen Arbeiterinnen: die Rede ist von Kinderarbeit, Zwangsüberstunden, Gefahren für die Gesundheit und das Wohlbefinden, Freiheitsberaubung, Versammlungsverbot, Beschimpfungen und sexueller Nötigung durch Aufsichtspersonen. So mussten viele der Arbeiterinnen zusätzlich zur regulären Arbeitszeit (von 12 Stunden täglich beziehungsweise 72 Stunden wöchentlich) Zwangsüberstunden leisten. Die Unterkünfte teilten sich die Mädchen und jungen Frauen mit fünf bis sechs anderen Arbeiterinnen. Von den versprochenen drei Mahlzeiten täglich oder von einer Sozialversicherung konnten viele nur träumen.

Schätzungen zufolge sind zehn bis zwanzig Prozent der Sumangali-Arbeiterinnen Mädchen zwischen elf und vierzehn Jahren! Darüber hinaus gibt es klare Verstöße gegen die Konventionen der Internationalen Arbeitsorganisation (ILO). Die Arbeitsbedingungen gefährden die Gesundheit der jungen Mädchen und Frauen, da sie viele Stunden im Stehen arbeiten. Es gibt Berichte über Kreislaufprobleme, Müdigkeit, Schlafstörungen und Kopf- und Bauchschmerzen der jungen Arbeiterinnen. Nicht immer tragen sie Masken gegen den Baumwollstaub, der durch die Produktion in der Luft schwebt – teils freiwillig, teils weil ihnen der Arbeitgeber keine zur Verfügung stellt – und atmen ihn so ein. Dies kann in extremen Fällen dazu führen, dass ganze Knäuel operativ entfernt werden müssen. (29)

H&M, also Hennes und Mauritz, die immer wieder in der Kritik stehen wegen Billig-Produktion in Indien, haben ein Label, das sich L.O.G.G. nennt. L.O.G.G. ist das Akronym für Label Of Graded Goods. H&M verkauft unter diesem Label vor allem sportliche und Outdoor-Kleidung für Herren, Damen und Kinder. Günstig.

Eine Klientin erzählte mir, dass in der Schule ihrer Söhne L.O.G.G. das Akronym war für: Leider ohne Geld geboren. Also: Sowas kauft nur, wer halt leider aus einem armen Elternhaus kommt.

Auf beiden Seiten also bestimmt Geld den Selbstwert eines Kindes.

Auch wenn wir hier, im Vergleich zu den Sumangali-Kindern auf hohem Niveau leiden: Wir schwimmen im gleichen Wasser und es scheint nicht so einfach zu sein, dem Gefühl von nicht (gut) genug und Wertlosigkeit zu entkommen.
Hier wie dort.

Uns verbindet, was uns trennt.

Daher ist es so unglaublich wichtig, einen inneren Aufenthaltsort zu erschaffen, der zu 100% Sie selbst abbildet, jenseits Ihrer Anpassungsleistung.

Der Kontext, der Sie ganz woanders verortet und verwurzelt als im derzeitigen, üblichen Spagat. Der Code, aus dem heraus Sie erfüllt, geistig frei und selbstbestimmt, in Ihrer einzigartigen Außergewöhnlichkeit aufgehend, täglich Ihren Beitrag schenken. Ein Kontext, der Sie dazu befähigt, die Welt für sich, für die Sie Umgebenden und Nachkommenden sinnvoll und lebenswert zu gestalten und Ihnen darin soviel Standfestigkeit zu geben, dass die Wellen, die durch die Ebenen hindurch in Ihren ganz persönlichen Seelenteich schwappen, zunehmend weniger Auswirkungen haben und Sie sie wandelnd beantworten können, anstatt sie reagierend zu restimulieren.
Werden wir konkreter:

Warum ist es für Sie, in Ihrem Forum Internum, in ihrem ganz intimen eigenen Inneren , wo sie mit sich alleine sind, heutzutage so wichtig, Ihre Mission zu kennen?

Aufenthaltsort 1: INNEN
- Mission „Selbst"

Wie die Gedanken sind, die du am häufigsten denkst, ganz so ist auch deine Gesinnung, denn von den Gedanken wir die Seele gesättigt. Marc Aurel (30)

1.1 Ihre Lebensmission macht Sie frei. Wirklich frei.

Der erste Mensch, der Sie frei setzen kann, sind Sie selbst.
Der erste Mensch, der Sie gefangenhält, sind Sie selbst.
Alle anderen haben dazu Ihr Einverständnis erhalten. Möglicherweise ist das allerdings so lange her, dass Sie sich nicht mehr daran erinnern.
Solange Ihre Urteile für Ihre Lebenssteuerung auf den Schmerzen der Vergangenheit, auf dem, was andere tun und auf der Angst vor Existenzvernichtung basieren, sind Sie absolut unfrei. Und darüber hinaus völlig abgeschnitten von Ihrem Potential. Wenn Sie gerade einen Autobahntunnel entlang rennen, um der Feuerwolke aus dem Unfallauto irgendwo hinter Ihnen zu entkommen, ist der Zeitpunkt für die Komposition eines neuen Bildes ungünstig.
Tatsächlich ist das die aktuelle Gemütslage vieler Menschen.
Überleben.
Wir befinden uns aber in einer Gesellschaft, deren Grundbedürfnisse und weitaus mehr sichergestellt sein *könnten*, denn wir haben, nicht nur bei uns, absolut kein Ressourcen-, sondern ein *Verteilungs*problem.
Daher *könnten* wir es uns auch leisten, über Innovationen nachzudenken. Jede|r von uns.
Der Umstand, dass so viele Menschen am Existenzminimum herumkratzen, ist ein Ergebnis von Unterdrückung, nicht einfach eine Aussage über eine tatsächliche nationale Lebenssituation.

Hier beginnt also bereits die Inkongruenz.
Eigentlich könnte ich es mir leisten, über das nachzudenken, was die Welt braucht, ich komme nur nicht dazu, weil ich so hart ackern muss für mein Geld, das überall zu wenig zu sein scheint.

Wenn es also sowieso schon „eng" ist - dann könnten Sie sich doch genauso gut entscheiden, Ihre Lebenszeit mit Inhalten und Tätigkeiten zu verbringen, die Ihnen wirklich Freude und Erfüllung schenken, und daraus ein Business basteln. Beispielsweise.

Wer sich aus einer Notsituation selbständig macht und dabei eine Branche wählt, die gerade boomt, oder wo „immer was zu holen" ist, liegt daneben. „Ich mache, was mir Geld bringt", ist keine Quelle der Freude. Es ist eine Sicherstellung der Grundbedürfnisse. Das ist keine Erfüllung.

> *The most important kind of freedom is to be what you really are. You trade in your reality for a role.*
> *You trade in your sense for an act. You give up your ability to feel, and in exchange, put on a mask.*
> *There can't be any large-scale revolution until there's a personal revolution, on an individual level.*
> *It's got to happen inside first.*
>
> *Die wichtigste Art der Freiheit ist, zu sein, wer du wirklich bist. Du hast deine Realität gegen eine Rolle eingetauscht. Du hast deine Vernunft gegen eine Darstellung eingetauscht. Du hast deine Fähigkeit, zu fühlen aufgegeben und dir im Gegenzug eine Maske angelegt. Es kann keine ernstzunehmende Revolution geben, solange ihr nicht eine persönliche Revolution vorausgeht, auf einer individuellen Ebene. Es muss zuerst im Innen geschehen.*
> Jim Morrison **(31)**

Abraham Maslov (32) hat in seiner Bedürfnispyramide festgelegt, dass die Grundbedürfnisse erfüllt sein müssen, bevor es zu „höheren" Motiven kommen kann.
Hier als dynamische Darstellung:

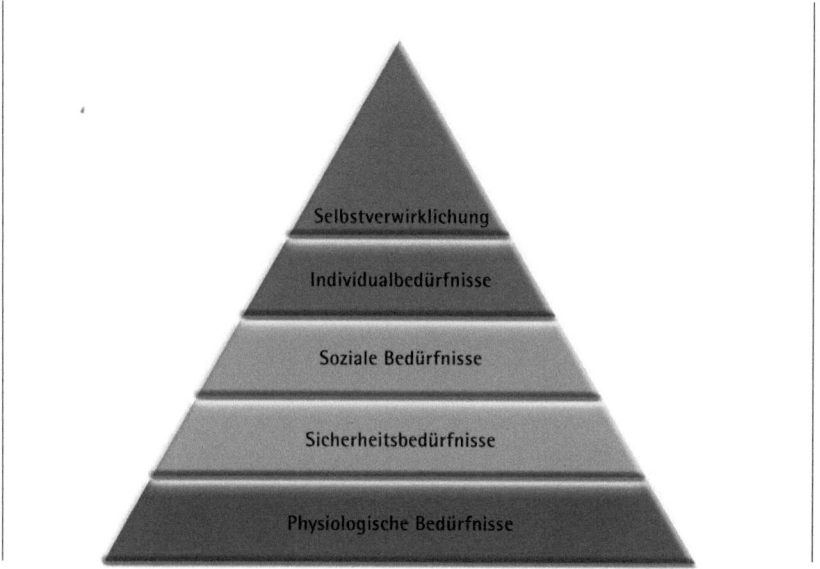

Das muss individuell nicht stimmen. Jemand, der selbst nichts oder wenig zu essen und vielleicht gerade kein Dach über dem Kopf hat, kann trotzdem etwas Geniales schreiben, malen, denken, erfinden, da er in einer Umgebung lebt, die potentiell die Grundbedürfnisse sicher stellen *könnte*. Bzw. die es zu einem gewissen Prozentsatz möglich macht, sich auf die Verwirklichung des eigenen Potentials zu konzentrieren. Wer den Strom zugunsten eines gefüllten Kühlschranks nicht zahlen kann, hat zwar Überlebensstress und möglicherweise mit sozialer Abwertung zu tun, also Abwertung von Außen. Aber, ganz unabhängig von dem Fakt, dass jeder Mensch, der ein Dach über dem Kopf hat, Kleidung und Essen reicher ist als 75% der Menschheit, hat er es in der Hand, sich selbst für Zugehörigkeit gehorsam schlecht, wütend und elend zu fühlen, oder sich von der Möglichkeit inspirieren zu lassen, sich zu verwirklichen.

Den Mut zu haben, sich von jedem kostenfreien kulturellen Angebot stimulieren zu lassen. Das ist leichter in einer Umgebung, die es potentiell tun könnte, als in einer Umgebung, in der für alle das nackte Überleben auf dem Spiel steht.

Aber sogar dort ist es inzwischen anders: In einem „armen" Land, arm im Sinne von finanziell arm, denn sie sind oft reich an Bodenschätzen, beispielsweise. Ich denke dabei an die vier 14-jährigen Mädchen in Afrika, die einen Stromgenerator aus Urin (14) und den Jungen (15) aus Sierra Leone, der einen Stromgenerator aus Müll erfunden haben, bzw. hat. Was uns nicht entlasten soll, diese Länder, auf deren Kosten die ehemaligen Kolonialstaaten in den vergangenen Jahrhunderten ihren Reichtum aufgebaut haben. So gut und vor allem so fair und so effektiv wie möglich zu unterstützen, also wirklich ihnen dienend, nicht weiterhin vorrangig dem eigenen Profit.

Oder man denke an Vincent van Gogh, der sowohl unter Armut, als auch unter erheblichen psychischen Einschränkungen zu leiden hatte, Toulouse Lautrec und Frida Kahlo, die beide mit quälend unangenehmen körperlichen Handicaps großartige künstlerische Werke geschaffen haben. Rembrandt und Mozart hatten fast nie Geld - die Liste lässt sich beliebig fortsetzen.
Natürlich gab und gibt es viele Künstler, die ihre Finanzen gut im Griff haben, bei denen die Ehe stimmt und auch sonst alles im Lot ist. Ich will damit also nicht sagen, dass es Defizite *braucht*, um innovativ und kreativ zu sein oder nur die Armen in den Himmel kommen. Der Punkt, um den es mir hier geht, ist:

Freiheit ist nicht von Ihren äußeren Lebensumständen abhängig.

Manchmal können eben belastende äußere Lebensumstände ein kraftvolleres Tor in die innere Freiheit sein, als wenn alle Bedürfnisse erfüllt sind.
Ihre Mission ist ein ganz exzellentes Mittel für das Durchschreiten eines solchen Tores.
Rebellion gegen und Leiden unter gewissen Umständen, gehören *nicht* zu Ihrer Mission.
Perlen, die aus der Reibung damit entstanden sind, aber sehr wohl.

Aber Achtung:
Die meisten Menschen *verwechseln* Freiheit mit Rebellion.
Es kann zwar sein, dass Sie klar genug sind, zu allen subtilen und nicht so subtilen versuchten Freiheitsberaubungen „Nein" zu sagen, sich nichts oder so wenig wie möglich aufoktroyieren zu lassen und Sie fähig sind, sich Zwangslagen, Routinen und Mühlen so weit wie möglich zu entziehen.
Das kann eine Weile gut gehen und sehr viel „Widerstands"-Kraft bringen.
Allerdings wird der persönliche Raum mit jeder zugeschlagenen Türe kleiner.
Ich erinnere mich sehr deutlich an den Moment, als mein Leben mich diesen Umstand lehrte: Mein Freund sagte, nachdem er mit mir Schluss gemacht hatte, zum Abschied noch einen Satz: „Weißt du, es gibt da einen Satz von Hermes Trismegistos: Nur wer innerhalb der Gesetze lebt, ist wirklich frei." Und schloss die Türe hinter sich.

Ich schäumte. Ihm hinterher. „Pah!!" „Gesetze!!" Den Rest erspare ich Ihnen.

Am nächsten Tag wurde mir bewusst, dass mit ihm meine letzte persönliche Beziehung gegangen war.
Ich war noch freischaffende Schauspielerin, wollte keinen festen Vertrag mehr, hatte zu allem Möglichen „Nein, danke", „hab ich nicht nötig", „brauch ich nicht" gesagt. Und war nun alleine.
Das machte mir grundsätzlich nichts aus. Bis auf den Umstand, dass ich irgendwann Geld verdienen „musste". Und damit natürlich auch Jobs annehmen musste, die mir nicht gefielen oder ein Wochenende ohne Essen über die Runden kommen durfte. (Was ich auch schon gemacht habe).

Das war eine harte, aber wichtige Lektion für mich. Und hat meinen Blick geschärft für genau diesen Unterschied zwischen Freiheit und Rebellion, dessen jeweilige Auswirkung ich inzwischen im Leben vieler Menschen beobachtet habe. Was ich damals lernen konnte, ist tatsächlich ein Grundprinzip des Lebens:

Je mehr „Neins" es in Ihrem Leben gibt, egal wie „berechtigt" sie sein mögen, umso mehr sitzen Sie in einem kleinen Raum und blicken auf zugeworfene Türen.
Entfaltung, Wachstum und Erfüllung gibt es aber nur mit einem inneren *Ja*.

Erschwerend kommt hinzu, dass, solange es Sie stetig antreibt, sich gegen Unterdrückung zu wehren, Sie entweder keinen Raum haben, oder sich Ihren Raum genau an den Orten erobern „müssen", an denen Sie Unterdrückung befürchten. Hier bleibt Ihnen mittelfristig nichts anderes übrig, als nun selbst exakt das Spiel zu spielen, das Sie für sich am meisten befürchten. Sie stellen zwar sicher, dass „Ihnen niemand kann". Aber Sie gehören nun selbst, zum Unterdrückungspersonal, ob Sie es wollen oder nicht.

Einer der landläufigsten Irrtümer ist es, zu glauben, „solange ich selber das Thema nicht mehr an der Backe habe, ist alles in Ordnung in meiner Welt". So spricht der Social Conformist. Tatsächlich ist nichts „in Ordnung".
Denn: Sie haben den Schmerz, den Unterdrückung bereitet, doch kennen gelernt. Es ist also bestenfalls ein fauler Kompromiss, den Sie leben. Ein Teil von Ihnen weiß genau, dass Sie nun weitergeben, worunter sie selbst einst gelitten haben. Das erschafft unbewusst Schuldgefühl und damit Angst und Aggression. Wenn Sie den „Trick" herausgefunden haben, nicht länger zu fühlen, jedenfalls nicht allzu tief, und sich in den Umständen eingerichtet haben, die Ihnen „Ihre Ruhe lassen", ist das zunächst kein Problem. Damit sind sie „normal".

Dieser Weg führt allerdings garantiert niemals in die Erfüllung.
Und der schmerzhafteste Aspekt daran ist, dass Sie damit Teil dessen geworden sind, worunter Sie selbst einst gelitten haben. Sie sind also nach wie vor Teil des Problems. Lediglich auf der anderen Seite.

Aus diesen Gründen ist es wichtig, Ihre Mission zu kennen. Sie werden selbst den Unterschied spüren zwischen: „Ich lasse mir von Niemandem Bedingungen aufdrücken und muss mich davor schützen, dass ich übervorteilt, ausgenutzt, eingeengt und unterdrückt werde" und:

„Ein Leben *On Mission* ist ein Leben aus leidenschaftlicher Führung, Inspiration und Pioniergeist in einer Welt des schöpferischen und unterstützenden Miteinanders."

„Ich bin leidenschaftliche Botschafterin für vernetztes Weltwissen, unaufhaltsame Kreativität und achtsam fließende Kommunikation – für alle Generationen und die grüne Seele dieser Erde."

"On Mission" sind Sie in der Lage, in einer unterdrückerischen Situation selbst eine *bessere Antwort* zu sein.
Alles in Ihrem Leben wird zu einer Gelegenheit, Ihre Mission auszuliefern.
Zugeschlagene Türen und die Notwendigkeit, selbst zum Unterdrücker zu werden, bevor es jemand anderer mit Ihnen tut, sind darum völlig obsolet.
Sie beantworten Situationen in Ihrem Leben aus einem gänzlich anderen Kontext heraus, weit jenseits des aktuellen Angebots aus Ihrer Realität, auch wenn dieses Angebot von vielen um sie herum spontan und automatisch wahrgenommen werden mag, schlicht aus Mangel an Alternativen.

> *Die Masse verliert immer, weil die Masse sich immer irrt. Sie irrt sich, weil sie sich normal verhält.*
> Fred C. Kelly **(33)**

Das ist der Unterschied zwischen Reagieren und Auf-etwas-Eingehen, Reaction vs. Response.
Ihr Mission Statement, Ihr Code, Ihre heilige Deklaration ist etwas, zu dem Sie aus tiefsten Inneren wirklich „Ja" sagen können.
Ich habe nach dem intensiven Feintuning am Mission Statement in der Zusammenarbeit Menschen schon oft gehört: *„Ja, so bin ich. Genau das bin ich wirklich und eigentlich."* Häufig mit tiefster Berührung verbunden.
Sie können Ja zu sich sagen, immer mehr und fast überall und damit Ja zu jedem Moment, selbst wenn er unangenehm sein mag.

Sie können sogar dann Ja zu sich sagen, wenn die Welt nein zu Ihnen sagt. Für mich ist das ein Zustand höchster Freiheit.

1.2 Ihre Mission bietet Ihnen den nachhaltigsten Weg zur Wandlung der eigenen Kindheitswunden

Ohne Zweifel wollen die Verwundungen aus der eigenen Kindheit gewürdigt, respektiert und korrekt wahrgenommen werden. Es wäre schön, wenn dies in Gesprächen mit den betroffenen bzw. sie verursacht habenden Personen selbst gelingt, aber das ist leider nicht immer der Fall.

So bleibt die Arbeit an sich selbst, das Anerkennen, was war, was gebraucht worden wäre, welche Wunden entstanden sind, welches Problem heute noch daraus erwächst, was dadurch alles nicht möglich war, wie es sich in Beziehungen abgebildet hat bisher. Die Gefühle wollen in guter Begleitung neu erlebt und durchwandert sein, es will betrauert sein, was geschehen ist, reflektiert, angeschaut, auch analysiert und in einen neuen Rahmen des Verstehens gestellt werden. Es will vergeben und losgelassen werden, was möglicherweise bis dato ein unbewusstes Kreisen um eine unbewusste schwärende Wunde war, vielleicht ein Suchen nach einem „Tut mir leid" oder „Ja, da ist dir ein Unrecht geschehen." Wie gesagt - so etwas geschieht und hat eine sehr wohltuende und heilsame Wirkung, aber es ist nicht die Regel.

Und es ist wundervoll, wenn ein Mensch dann trotz - oder mit - seiner Wunde selbstbewusst wird, sich und sie erklären und sie für sich und die anderen in einen nachvollziehbaren Bezugsrahmen stellen kann.
Alles wichtig, ohne Frage.

Meine Erfahrung hat mir allerdings gezeigt, dass, auch wenn alle emotionale Ladung herausgewaschen ist, es immer noch eine Identifizierung gibt mit dem Thema, wenn auch ohne originären Schmerz. Und eine Reaktionsgewohnheit. Schlicht, weil gerade aufgrund erschütternder und tief verunsichernder Momente jeder Anker für vermeintliche Sicherheit recht ist und sei es das Einrichten in einer Geschichte und der eigenen Rolle darin.

So kann es passieren, dass wiederholtes *Denken* an bestimmte Situationen das Thema lebendig hält und damit auch weiter konstant ein dazu passendes ICH-Gefühl bietet.

Selbst wenn dies längst nicht mehr aktuell, dem eigentlichen Selbst und dem gewünschten Selbstbild diametral entgegengesetzt und für eine glückliche erfüllende Lebensgestaltung ziemlich kontraproduktiv ist - wir halten daran fest. Hartnäckig.

Beispiele:
Eine Klientin hatte eine Erfahrung mit wiederholtem sexuellem Missbrauch in der Familie. Dies hinterließ sie mit einem Gefühl von nicht vorhandenen Grenzen, Schutzlosigkeit, dem Gefühl, absolut Niemandem trauen zu können, sowie einer exorbitant aktiven Sexualität, um darüber zu finden, was sie nie gehabt hat, nämlich echte, sichere Verbindung und ein Selbstbewusstsein, das nicht basiert auf ihrem „Sieg" über die Mutter als die „bessere" Frau und dem Wissen um ihre sexuelle Macht über Männer, die sie zielgerichtet einzusetzen wusste.

Jahrelange Therapien haben ihr geholfen, das aufzuarbeiten, Grenzen zu bilden, Nein zu sagen und zu lernen, woraus tiefe, echte Verbindungen bestehen. Das schutzlose Kind wurde geborgen, alle Wut über die verloren gegangene Kindheit gefühlt, schließlich vergeben und losgelassen. Damit auch jeder Anspruch auf Sonderbehandlung durch Versehrtheit.
Eine weite Reise.

Was ihr allerdings geblieben ist, ist die unmittelbare Reaktion auf mögliche Angst und befürchteten Mangel.
Zum Beispiel in Gruppen, größeren Ansammlungen, an Festen und bei Unternehmungen mit mehreren Menschen. Sobald die Idee entstand, sie könnte in irgendeiner Form zu kurz kommen oder gegenüber einer Frau in der Gruppe verlieren, begann sie, ihren erotischen Werkzeugkoffer auszupacken und innerhalb kürzester Zeit einen „persönlichen Betreuer" zu generieren auf Kosten des Ziels der Reise, der Gruppe, der Unternehmung. Meist war ein Herzensbruch, oft für mehrere Beteiligte, vorprogrammiert. Ihr war jedes Mal klar - hinterher -,

dass sie definitiv nicht gemäß Ihres aktuellen Erkenntnisstandes, Wunsch oder geheilter Geschichte gehandelt hat.

Dieser Umstand stellte stets aufs Neue eine Selbstverletzung für sie dar, insbesondere, weil sie im Nachhinein deutlich sehen konnte, dass konkret weder Angst noch Mangel gegeben waren. Es gab nur *die Idee*, es könnte so sein. Sie fühlte sich lange Zeit ohnmächtig gegenüber diesem Muster, das da quasi auf Autopilot in ihr ansprang. **Diese letzte Schicht an Reaktion auf die Traumata aus ihrer Kindheit konnte sie tatsächlich über die Arbeit mit ihrem Mission Statement abtragen.** Denn Liebe ist inklusiv und sie begann, jede Frau, auf die sie traf, egal ob leuchtender, stärker oder vermeintlich begehrter als sie und von der sie sich in irgendeiner Form bedroht fühlte, konsequent nicht mehr auszuschließen, um sie zu übertreffen, sondern zärtlich und liebend hineinzunehmen, innen - äußerlich „tat" sie nichts. Dies kostete sie einigen Kampf, aber schlussendlich wurde sie frei davon und empfindet heute eine Souveränität und Großzügigkeit sich selbst und anderen gegenüber, nach der sie sich immer gesehnt hat. Heute fühlt sie sich als Königin, ohne andere ständig dazu bringen zu müssen, ihr dies durch ihr Verhalten beweisen zu müssen. Und zwar vollkommen unabhängig davon, wie andere Menschen sich ihr gegenüber verhalten.

Da das Bedürfnis nach Sicherheit also oft so groß ist, dass wir uns dafür tagtäglich sogar selbst wehtun, braucht es einen wirklich starken Orientierungspunkt, der absolut nichts mit der schmerzhaften Vergangenheit zu tun hat, auch nicht als Gegenteil oder Kompensation.

Ein anderer Klient hatte, als wir unsere Zusammenarbeit begannen, eine Art tiefe Hassliebe mit dem Finanzamt entwickelt. Bei jedem Steuerbescheid, genaugenommen bei jeder *Nachricht* vom Finanzamt sprang bei ihm ein adrenalingesteuerter Kampfmodus an. Er rechnete die Zusammenfassung seines Steuerberaters nach und wusste es oft besser. Triumphierte, wenn er dem Finanzamt Irrtümer in Cent-Beträgen nachweisen konnte, verhandelte grundsätzlich Raten, legte gleichzeitig Widersprüche gegen Verzugszinsen ein und war in grimmiger Vorfreude darauf, sich demnächst wieder „mit ihnen anlegen" zu können. Er war bereits bestens bekannt bei seinem Sachbearbeiter,

in der Finanzkasse und der Stundungsstelle.
Tatsächlich verlor er oft, mindestens die Hälfte der Male. Er verlor Geld, das auch, vor allem aber verlor er Lebensenergie und -zeit. Subjektiv hatte er das Gefühl, so die Kontrolle zu haben und „ihnen wenigstens ordentlich Schwierigkeiten" bereitet zu haben. Seine Selbstachtung hing davon ab, sich prinzipiell nichts gefallen zu lassen oder einfach zu schlucken, „da sie es ja sowieso mit jedem versuchen."

Es dauerte eine Weile, bis klar wurde, dass er sich einen „objektiven", also sachlichen Ort einer schmerzlich leidenschaftlichen Auseinandersetzung mit seinem Vater gesucht hatte. Der zum Einen ähnlich gestrickt war – die Harmonie eines mittäglichen Sonntagsessens konnte schon mal seiner sehr miesen Laune anlässlich eines Geldverlusts flöten gehen, seine Stimmung legte sich über den gesamten Tisch und erstickte jegliche unbeschwerte Freude.
Zum anderen hatte er meinen Klienten, als dieser noch kleiner war, mit Geld gegängelt, ihn oft reingelegt, Spielchen mit ihm gespielt, Gewinne in Aussicht gestellt für Aufgaben, die er nicht lösen konnte, so dass sein Vater sich am Ende stets als der Habende und Behaltende etablierte und mein Klient „der nach der Karotte Rennende" blieb.

Inzwischen war der Vater längst entthront, es war mittlerweile klar und verstanden, was für ein kleines Rädchen in seiner Firma er eigentlich gewesen war, wie wenig bedeutungsvoll er sich gefühlt hatte und wie wenig er tatsächlich bewirken und bewegen konnte in seinem Leben.

Dass sich der gesamte ohnmächtige Zorn seiner Kindheit nun mit dem bösen Riesen Finanzamt entfaltete, wurde ihm jetzt erst klar. Und nach einer Weile gab er zu, dass er sich völlig machtlos fühlte gegenüber diesem Kick „Post vom Finanzamt", er empfand seine Wut selbst als unverhältnismäßig, wollte gleichzeitig aber nicht von ihr lassen, da er sonst das Gefühl hatte, sein Vater hätte endgültig gewonnen und Scham, Versagen und zerstörter Selbstwert wären dann das Ergebnis, mit dem er jetzt dauerhaft leben müsse.
Er musste sich im Coaching also ein wenig durch ohnmächtigen Zorn und tiefe Trauer arbeiten.

Wir fanden sein Mission Statement: „Ich bin mitfühlende Güte und entspannte Grosszügigkeit, ein freundlicher, vorausschauender und selbstbewusster Gärtner mit leichter Hand für ein üppiges, gedeihendes, blühendes Lebensfeld, in dem alle und alles ein sicheres, geschütztes Zuhause haben dürfen."

Auf den Gärtner kamen wir, weil er einen Schrebergarten geerbt hatte und sich in diesem Garten nicht einfach nur entspannte und wohlfühlte, sondern aus der Arbeit mit den Händen und dem staunenden Bezeugen, was die Natur in Zusammenarbeit mit ihm von sich aus tut, immer wieder tiefe Freude und Frieden bezog.

Auch er war berührt, entlastet, erlöst und begann, mit seinem Statement zu arbeiten. Die Feuerprobe waren natürlich die Finanzamt-Briefe. Zunächst tat sich nicht viel. Nach einer gewissen Zeit stellte er eine schmerzhafte Diskrepanz fest. Gleichzeitig begann er, sein ganzes Leben als dessen beförderner Gärtner zu sehen und zu gestalten, seine Kinder bekamen das als erstes auf sehr wohltuende Weise zu spüren, die Projekte, die er betreute, wurden zu seinen Pflanzenkindern sozusagen, was ihnen sehr gut bekam und irgendwann betrachtete er plötzlich das Geld, das das Finanzamt von ihm wollte, als seinen eigenen reichen Ertrag, als das, was er sozusagen abwarf. Ab diesem Moment hatte er mehr Energie für das in seinem Leben, was wirklich von Bedeutung war für ihn und darüberhinaus hatte er tatsächlich auch mehr Geld. Das Finanzamt verlor die Bedeutung, die es vorher gehabt hatte.

Die eigene Mission ist nichts, was uns jemand vorgibt. Sie entspringt aus dem, was uns selbstbestimmt bedeutsam ist, das und nur das hat die Kraft, trotz aller „Berechtigung" von Schmerz und Leid, **täglich einen inneren Neustart zu generieren:** *Dies soll ab jetzt wahr für mich sein, wie auch immer die Vergangenheit war. Ich mache die Welt für mich selbst bedeutsam. Ich fülle meine Welt und mein Leben mit dem, was _mir_ etwas bedeutet. Ich füge Wert hinzu auf eine Weise, die mir entspricht. Ich bestimme meinen Wert.*

1.3 Ihre Mission verschafft Ihnen Frieden. Mit sich, Ihrer Geschichte, der Welt.

Frieden entsteht durch die Akzeptanz der Umstände, ohne mit ihnen übereinstimmen zu müssen.

Der Entschluss, alle Ereignisse in Ihrem Leben aus einem bestimmten Kontext heraus zu beantworten, bringt sie in ein größeres Einverstandensein mit der Gegenwart. Sie nehmen jeden Moment als Gelegenheit wahr, ihn aus Ihrem höchsten Potential zu beantworten. Sie sind außerdem entspannt mit der *Relativität* ihres Weges. Sie verstehen, was der Satz „Der Weg ist das Ziel" wirklich bedeutet. Ihr Ziel ist vollkommen abhängig von der Art, wie *Sie Ihren Weg* gehen. Je mehr Sie im Jetzt aus diesem Kontext heraus denken, fühlen und handeln, umso mehr entsteht ein Leben, das genau zu diesem Kontext passt.
Je länger Sie sich von Ihrer Mission leiten lassen, Ihre Entscheidungen aus diesem inneren „Ort" treffen, umso mehr fallen auch alle Ereignisse aus Ihrer Vergangenheit auf den richtigen Platz. Sie erhalten in der Rückschau eine Art Zwangsläufigkeit, weil sie Sie gelehrt und „gezwungen" haben, bestimmte Gaben, Talente, Fähigkeiten und Stärken zu entwickeln.

Nun könnte man leicht einwenden, dass es ja einfach genügen würde, Frieden zu schließen und loszulassen. Den vergangenen Ereignissen einfach einen Sinn zu unterstellen, der sich zeigen mag oder nicht und sie absichtlich mit positiven Gefühlen unterlegen.
Das mag funktionieren. Bei mir hat es nicht funktioniert.
Zum Einen, weil ich gerne alles genau durchdenke und spirituelle Konzepte gleich mehrfach.
Zum Anderen, weil ich festgestellt habe, dass ich, solange ich Frieden mit meiner Vergangenheit *haben möchte*, ein Gefühl des Unfriedens habe.
Und jede noch so brauchbare Technik trifft letztlich auf ein inneres Kreisen um die Lösung der Unfrieden stiftenden Ereignisse.
Wie sagte schon Mr. Einstein (angeblich):

Probleme kann man niemals mit derselben Denkweise lösen, durch die Sie entstanden sind. (34)

Ich selbst möchte a) ganz gerne wissen, wohin ich gehe, also einen für mich glaubwürdigen Leuchtturm haben und b) brauche ich ein starkes „statt dessen". Also: Einen für alle Anteile in mir, Körper, Geist, Seele, Inneres Kind und Verstand, um einige davon zu nennen, glaubwürdigen inneren Ort, der den Ereignissen meiner Vergangenheit *tatsächlich* einen sinnvollen Rahmen verpasst, nicht nur einen positiv „behaupteten".

Den habe ich in meiner Mission bzw. der Arbeit mit meinem Mission Statement gefunden.
Sobald ich mein Leben von dort aus gestalte und rückwärts betrachte, fallen mir zunehmend die Geschenke in den Brocken auf. Ganz von selbst, als wundervolle Begleiterscheinung
Das gleiche Phänomen haben mir fast alle Coachees berichtet, nachdem sie eine Weile auf ihrem Pfad vorangeschritten sind.

1.4 Ihre Lebensmission verschafft ihnen „blinde" Orientierung

Das eigene Mission Statement wird zum sichersten Navigator.
Sie spüren mit der Zeit zunehmend Ihre innere Stimme und treffen daher mehr Entscheidungen, die mit Ihnen wirklich übereinstimmen, selbst wenn sie unpopulär sind.
Entscheidungen, die von Ihrem Mission Statement inspiriert sind, erweisen sich stets als weiser, weitblickender und allparteilicher, als aus jeder anderen Haltung heraus.
Sie verwechseln nicht länger Erfolg mit Anerkennung und sehen Ihren Weg, selbst wenn jeder um Sie herum ihn nicht sehen mag.
Falls Sie ein belastendes Umfeld haben, wird die Belastung abnehmen in dem Maße, wie Sie sich eben nicht mehr so sehr am Außen orientieren. Was „man" oder wie es die anderen machen. Schon immer gemacht haben.

Sie orientieren sich mehr an Ihren Werten als am Feedback. Damit sind sie stets sicher, auch wenn Sie, was früher oder später ganz zwangsläufig der Fall sein wird, auf Ihrem Pfad „ on Mission" lustvolles Abenteuer-Neuland betreten. Daraus ergibt sich ein hohes Maß an: Selbstwert und Selbstverbindung.

1.5 Ihre Lebensmission erhöht auf ganz natürliche Weise Selbstwert und Selbstverbindung

In dem Maße, wie Ihre Mission Ihr Orientierungspunkt wird, entziehen Sie sich selbst mehr und mehr der Idee, der Wert eines Menschen ließe sich mit Geldwert gleichsetzen oder bestünde darin. Weder leiden Sie darunter, dass andere Menschen vermeintlich ein schöneres Leben haben oder mehr besitzen als Sie, noch benutzen Sie Geld und Güter, um andere zu beeindrucken und sich Ihre Position zu sichern. Denn: **Sie beziehen Ihren Wert aus Ihrem Beitrag.**
Aus Ihrer Bereitschaft, jeden Moment Ihres Lebens aus Ihrem höchsten Potential heraus zu beantworten. Sie sprechen wesentlich und inspirierend. Sie holen sich selbst bei Ihrer bestmöglichen Ausgabe von sich selbst ab. Sie wissen und spüren einfach, dass genau das, was Sie deklariert haben, zu sein, wesentlich ist für die Welt, mindestens für Ihre Welt. Und dass es oft völlig ausreichend ist, mit diesem Duft, dieser inneren Melodie, dem energetischen Ausdruck Ihres heiligen Codes, Ihrer Songline *anwesend* zu sein.

Sie leben von innen nach außen. Das Außen lebt nicht mehr Sie oder kann Sie aus Ihrer Mitte ziehen.
Sie besorgen sich auch keine Energie mehr aus Irgendetwas im Außen. Sie wissen, dass Sie Energie *hinzufügen*. Zudem verschwindet Ihre Einsamkeit. Menschen „brauchen" Sie nur noch, um Ihren Beitrag auszuliefern, ihnen bei *ihrem* Beitrag behilflich zu sein oder gemeinsam etwas Bedeutsames zu bauen. Sie fühlen sich getragen von einer inneren Kraft, die Sie nicht erklären können. Sie werden zu wandelnder menschlicher „Medizin". Sie wissen und spüren das.
Dies ergibt eine Art des **Selbstwert**s, der mit nichts zu vergleichen ist. Vor allem ist er nicht abhängig von einer Position, einem Gegenstand, einer Belobigung oder öffentlicher Anerkennung - auch wenn alles dieses dazukommen mag und oft auch tut, sobald ein Mensch die eigene Goldspur gefunden hat.

Damit ist er dauerhaft und nachhaltig.
Selbstverbindung entsteht, weil Sie sich täglich, aufgrund Ihres erschaffenen Kontextes, gut und gerne mit sich selbst identifizieren können. Sie müssen nicht länger ungeliebte Kellerkinder verstecken, wie Sie es möglicherweise einmal gelernt haben, um Nahrung, Liebe oder Aufmerksamkeit zu erhalten.
Diese Selbstverbindung wird leicht, weil Ihr Mission Statement ein Ausdruck ihres tiefsten Seelenanliegens ist.
Jeder Tag, an dem Sie entscheiden, Ihrer Mission die Macht über Ihr Leben zu geben und die kommenden vierundzwanzig Stunden aus dieser tiefen „Widmung" heraus zu gestalten, vertiefen Sie Ihre Verwurzelung in diesem Selbstbild. Je mehr Sie darüber mit sich verbunden sind, umso leichter wird es für Sie, sich selbst zu mögen, umso mehr ruhen Sie in Ihrem Zentrum und gestalten Ihr Leben in sich ausdehnenden Ringen um sich herum. **Damit sind Sie immer weniger in ein Rennen zu zerren nach etwas außerhalb von Ihnen. Die Idee, etwas oder jemand außerhalb von Ihnen könne ein Leerstelle in Ihnen füllen, verschwindet.**

Sich mit jedem neuen Tag Fragen zu stellen, wie:
Wie kann ich heute: „Güte in Bewegung", „unaufhaltsames Licht", „ein Brennglas der Liebe" ein „weitsichtiger Brückenbauer", „eine Quelle der Heilung" sein?, bedeutet, sich am Leuchtturm zu orientieren. Diese Ausrichtung wirkt in alle Richtungen. Auch nach innen.

Sie *wollen* mit sich zu tun haben. Mehr und mehr.

Die Selbstverbindung wird Ihnen mit der Zeit zu einem sehr kostbaren Gut werden. Sie macht sie auf genügsame, aber wesentliche Art selbsterfüllt.

1.6 Ihre Lebensmission ist Ihr bester Trainer in Richtung Selbstbestimmtheit

Sie werden zum Selbstdenker, zur Selbstdenkerin. Da Ihre Orientierung unmissverständlich und vollständig aus Ihnen kommt und immer stärker zum unterscheidenden Messinstrument wird, was für Sie gültig ist und was nicht,

kommt Ihre Einzigartigkeit mit der Zeit deutlich zum Ausdruck und Sie gewöhnen sich daran, manchmal eine Art buntes Zebra in einer genormten Welt zu werden. Lebendig, sehend, wach, aufrichtig, kreativ.
Denn Sie wissen: Sie können Ihren Motiven und Impulsen völlig vertrauen.

1.7 Ihre Lebensmission ermöglicht Ihnen, völlig authentisch zu leben

Je mehr Sie "on Mission" sind, umso mehr merken Sie, wie erleichternd es ist, einfach nur Sie selbst zu sein. Alles andere wird Ihnen zunehmend schlicht zu anstrengend. Ihr Vertrauen wächst, da Sie mit der Zeit merken, dass Sie nicht nur überleben können, wenn Sie sie selbst sind, sondern sogar sehr gut leben!

1.8 Carpe Vitam! Sie nutzen Ihr Leben. Richtig.

Wenn es wahr ist, was Bronnie Ware, die australische Palliativkrankenschwester in ihrem Buch "The top five regrets of the Dying" (35), die „Spitzenreiter des Bedauerns sterbender Menschen" aus acht Jahren Begleitung von Sterbenden schreibt, nämlich dass es bei sterbenden Menschen fünf „Klassiker des Bedauerns" gibt, die sie alle mehr oder weniger auf ihrem Totenbett geäußert haben:

1. „Ich wünschte, ich hätte den Mut gehabt, mein eigenes Leben zu leben".
2. „Ich wünschte, ich hätte nicht so viel gearbeitet".
3. „Ich wünschte, ich hätte den Mut gehabt, meine Gefühle auszudrücken".
4. „Ich wünschte mir, ich hätte den Kontakt zu meinen Freunden aufrechterhalten".
5. „Ich wünschte, ich hätte mir erlaubt, glücklicher zu sein".

Dann ist Ihre Mission ein Garant dafür, dass Sie diese Sätze niemals sagen müssen.
Tatsächlich ist es gleich, wann Sie aufbrechen. Der einzige und der wichtigste Zeitpunkt dafür ist **Jetzt.**

Aufenthaltsort 2 | Unmittelbare Außenwelt
- Mission „Beziehung"

> *Ein Hamsterrad sieht nur von innen aus wie eine Karriereleiter.*
> Fabian Sixtus Körner **(36)**

2.1 Prä-Burn Out: Die Kenntnis Ihrer Lebens-Mission ist Ihre beste Prävention von Burn- und Bore-Out **(37)**

Die beste Vorbeugung gegen Burn out ist, sich an Erfüllung statt an Leistung zu orientieren.
Das ist nicht ganz leicht, zumal wenn die gesamte Umgebung anders tickt und es für Höchstleistungen Incentives gibt und für „zuwenig" Leistung Druck und Abstrafung.
Und es wird oft verwechselt.
Leistung gegen oder für Belohnung ist eine Sekundärbefriedigung.
Ähnlich wie wir als Kinder oft, wenn nicht oder vermeintlich nicht genug Liebe da war, auf „Aufmerksamkeit bekommen" umschalten. Oder, wenn es keine wirkliche Verbindung in Familien gibt oder der "Bond" **(38)** durch ein Trauma zerbrochen ist, steigt bisweilen die sexuelle Energie im Einzelnen an, als unbewusster Versuch, die zerbrochene Verbindung auf sekundäre Weise wiederherzustellen.

So wird, wenn ein Gefühl von Erfüllung nicht oder wenig erlebt wurde oder negativ bespiegelt wurde, eben auch Leistung statt Erfüllung genommen.
Ich erinnere mich deutlich an den Übergang zu meinem Burn out. Ich spürte, dass ich nicht mehr richtig runterkommen konnte, wollte das aber auch nicht, weil ich plötzlich das Gefühl hatte, jedes Mal, wenn ich in die Stille gehe, mich auftanke, die innere Batterie fülle, stürzen sich am nächsten Tag andere Menschen auf mich, um sich die Energie bei mir zu holen, lässt mir die extrem hohe Taktung keinen Raum für mich und kleine Auszeiten. Ich war fast nur von Männern umgeben und hatte das Gefühl, dass sie konsequenten Selbstmissbrauch und Daueradrenalin einfach besser verstoffwechseln können.

Und ich begann, in einer Art grimmigen Befriedigung, mich noch weiter zu peitschen - mit zu wenig Schlaf, zu viel essen, aber Sport zur Kompensation und hörte auf, selbst zu denken. Die Tasks gaben mir die Struktur und ich schob an. Das rächte sich. Irgendwann war ich extrem gereizt, deprimiert und begann, zynisch zu werden. So wollte ich nie sein und das war mein Weckruf.
Aber ich kann jeden Menschen verstehen, der von einer solchen Leistungsmühle gefressen wird und plötzlich in diesen Sog hineinfällt: Wenn an den Umständen schon nichts zu ändern ist, dann wenigstens scheinbare Kontrolle durch Extra-Gas geben behalten.
Company-Kamikazes. Weitverbreitet.

Aber zurück zum Eingangssatz: Sie können es üben und meine wärmste Empfehlung ist, rechtzeitig damit zu beginnen, bevor Ihre Seele und das Leben Sie dazu zwingen.

2.2 Post-Burn out: Ein Burn-Out erhält seinen notwendigen Sinn.
Die Lebensmission holt aus der vorbeugenden Schonung und geleitet in echte und lebendige Wirksamkeit.

Ich habe mit einigen Burn Out-Kandidaten gearbeitet. Ich war selbst kurzzeitig davon betroffen. Das war mein zweiter Kuss der Kultur und er widerfuhr mir in meiner Business Development Tätigkeit für den US-Bundesstaat.
Dies war der Moment, in dem ich entschied: Wenn schon Stress, dann nur noch für mich selbst, mein Business und mein Anliegen.
Dazu kam, dass ich das deutliche Gefühl hatte, Wirtschaft braucht mehr Spiritualität und so beschäftigte ich mich eine Weile damit, bis ich merkte, wie unvereinbar diese Welten zu sein scheinen, auch wenn Meditation, Schamanismus und Geistheilung heute in Vorstandsetagen ganz normal ist. Mich beschleicht das Gefühl, dass es hierbei oft um "Spirit Wash" (39) geht. Und bisweilen eine Art Burnout-Verschleppung ist. Damit meine ich: Spirituelle Praktiken nutzen, um eine unmenschliche Taktung noch länger und besser durchhalten zu können.
An diesem Punkt, und ich brauchte neun Monate, um wieder ganz bei mir zu sein und die Daueradrenalin-Gewohnheit vollkommen abzubauen, verstand ich die Schwierigkeit. Mein Ehrgeiz, einen Bewusstseinsweg, eine Struktur, einen geistig-

emotionalen Handwerkskoffer zu entwickeln, der es ermöglicht, ein wandelnder, transzendierender Teil des Spiels zu sein, ohne es weiter mitzuspielen, wuchs.

Noch einmal ein kurzer Ausflug zum Thema Burn out: Burn out, bei aller unklaren Diagnostik, ist meines Erachtens keine individuelle Erkrankung, sondern bestenfalls individueller Ausdruck eines kollektiven Mißstands.
So wie Kinder und Tiere häufig die unbewussten Problematiken ihrer Familie übernehmen und spiegeln, so ist Burn Out eine systemische Widerspiegelung unseres gegenwärtigen Kurses in den Bereichen Arbeit, Beziehungen und Geld.
Ein Kuss unserer Kultur eben.
Ich werde hier einmal kurz definieren, was ich mit diesem **„Kuss der Kultur"** eigentlich genau meine und warum ich glaube, dass er a) unausweichlich ist und b) auch notwendig für unsere Missionssuche bzw. -findung.

Ich persönlich bin davon überzeugt, dass wir auf Seelenebene genau wissen, wohin wir inkarnieren und warum.
Unser Elternhaus bietet auf perfekte Weise mindestens zweierlei an: Die Resonanz aus der wir seelisch kommen, also einen thematischen Zusammenhang, ein Abbild unseres erworbenen, aber auch unaufgeräumten Rucksacks und die perfekten Bedingungen, um uns mit dem vertraut zu machen, was wir als Entwicklung für dieses Mal eingebucht haben. Diese Bedingungen können sehr angenehm, quasi eine freundliche und sonnige Einladung sein, uns sanft in eine bestimmte Richtung zu lenken, aber auch überaus schmerzhaft, so sehr, dass wir springen müssen, weil uns nichts anderes übrig bleibt, wenn wir überleben wollen. In diesem Sprung liegt dann die Entwicklung einer Qualität, die wir ohne diese „schicksalhafte Nötigung" vermutlich nicht errungen hätten.
Dies ist der intime und sehr persönliche Aspekt unserer Lebensreise und Entwicklung.

Falls Sie mit der Idee von Reinkarnation nicht übereinstimmen können oder wollen, ist das gar kein Problem.

Sie werden, wenn Sie der Frage folgen: *Wie will ich die Gegebenheiten meiner Kindheit und Jugend heute am besten nutzen?* Zu ähnlichen Schlüssen kommen und von den hier vorgestellten Gedanken und Inhalten genauso profitieren können.

Dann gibt es noch den Teil, der uns verbindet, Teil einer bestimmten Generation sein lässt und mit dem wir mitgestaltende Verantwortung zu übernehmen zugestimmt haben.

Auch wenn sicherlich nicht alle Ereignisse vorherbestimmt sind, der grobe Weltenkurs im Verlauf eines Menschenlebens von etwa 90 Jahren dürfte skizziert sein. Innerhalb dieses Kurses treffen wir an den Beziehungsschnittstellen auf die Themen unserer Zeit. Als Erleidende|r, Weitergebende|r oder Heilende|r. Sollte es eine Entscheidung für den, die Heilende|n geben, so ist es unabdingbar, dass er oder sie das Problem in der eigenen Seele, in den eigenen Knochen, im eigenen Geldbeutel zu spüren bekommen hat. Ich bin fest davon überzeugt, dass die besten Heiler, Lehrer, Leader und Künstler diejenigen sind, die für eine gewisse Zeit zu 100% Teil des|ihres Problems waren und zu Experten in ihrem eigenen Thema wurden. Ich kann nur wandeln, was ich wirklich kenne. Reine Beobachtung geht in dieser Zeit nicht tief genug.

Die Voraussetzung für die Lösung ist paradoxerweise widerstandsfreie Annahme dessen, was mich mit meiner Zeit verbindet, auch wenn es lästig, schmerzhaft, ungelöst ist.

Insofern nenne ich diese Momente „Kuss der Kultur". Denn in diesen Momenten werde ich in mein vernetztes Generationen-Bewusstsein hinein geküsst. Diese Küsse sind nicht angenehm, aber sie können ein sehr kraftvoller Geburtsort für die eigene Bestimmung sein.

So auch ein Burn Out. Er verbindet mit vielen Betroffenen und sagt unter anderem, dass ich, wenn ich mit meinem persönlichen Leben dieses Stadium erreiche, einen bestimmten weltlichen Bewusstseinsstand betreten habe.

Diese Erkenntnis hilft in dem Moment noch nicht viel, denn für die Betroffenen ist es sehr wohl erst einmal eine sehr persönliche und einschneidende Erkenntnis mit umgehendem Handlungsbedarf.

Nach den notwendigen Maßnahmen: Kürzer Treten, Kündigung, Freistellung, Ausstieg, Reha-Maßnahme, Therapie usf., stellt sich dann aber irgendwann, sobald die Speicher wieder ein wenig gefüllt sind, die große Frage: Was nun? **Damit ein Mensch sich – für falsche Werte, in jedem Fall nicht die eigenen – verbrennt, muss ja zweierlei gegeben gewesen sein: Leidenschaft und Begeisterungsfähigkeit, sowie eine hohe Leistungsbereitschaft.** Beides geht ja nicht einfach weg, sondern möchte sich auf gesündere Weise betätigt wissen.

Nun habe ich öfter erlebt, dass Burn Out-betroffene Menschen quasi das Kind mit dem Bade ausgeschüttet haben. Also: Versucht haben, sich von diesen Charaktereigenschaften, die sie ursprünglich ja mal „in die Misere hineingeritten" haben, zu trennen, sich von ihnen abzuschneiden, nicht länger auf die Impulse zu hören, die aus dieser Richtung kommen.

Das zweite, was ich öfter erlebt habe, ist eine Art aktive und bewusste Schonhaltung, also ständiges In-sich-Hineinhören, bremsen, sich auf nichts einlassen, was eventuell eine Überforderung werden könnte. Wobei dabei zwischen Herausforderung und Überforderung nicht korrekt unterschieden werden konnte. Es war eine Art allergische Reaktion auf alles, was im entferntesten so aussah und diese Reaktion wurde zu einem neuen Autopiloten. Ein Leben ohne Leidenschaft und Herausforderung ist allerdings extrem dröge. Die inneren Anteile, die „wieder zurück in den Sattel" wollten und die Anteile, die nun gelernt hatten, sich nie wieder missbrauchen zu lassen oder proaktiv selbst zu missbrauchen, liegen in ständigem Konflikt. Ein neues Dilemma also.

Hier hilft die Mission. Wer sich auf die gefundene und definierte Mission einlässt und mit ihr arbeitet, ist nicht mehr so aus der eigenen Mitte zu ziehen und hat einen ganz klaren Wegweiser, wo Leidenschaft und Leistungsbereitschaft gut aufgehoben sind und nicht zur Entleerung, sondern zur Erfüllung führen.

2.3 Sie erfahren selbst zunehmende Kongruenz und damit Entspannung und Erfüllung und werden von anderen auch so erlebt. Und damit vertrauenswürdig.

Wenn Sie beginnen, eins zu eins an Ihren unmittelbaren Schnittstellen zur Welt zu kommunizieren, was Sie (innen und wie Sie sich mit sich selbst) fühlen, führt dies zu zweierlei:
Zu Protest und Konflikt. Sowie zu Harmonie und Wachstum.

Zunächst werden alle Menschen unbewusst rebellieren, die sich mit Ihnen zusammen im kulturellen Kontext *eingerichtet* haben. Sobald Sie sich nämlich herausschälen, wird den Anderen ihre eigene Fremdbestimmtheit bewusst. Daraufhin haben diese zwei Möglichkeiten: Sich von Ihnen inspirieren zu lassen, an der eigenen Freiheit zu arbeiten.
Oder Sie daran zu hindern, sich weiter zu bewegen. Diese zweite Variante ist sehr kulturkompatibel: *Mach irgendwas im Außen, damit etwas Inneres nicht berührt wird.* Sie erinnern sich...

Ihr mittelfristiger Gewinn ist, dass Sie sich mehr und mehr bekannt machen damit, wer Sie wirklich sind oder ab jetzt beschlossen haben, zu sein. Damit gewinnen Sie Sicherheit. Eine ganz andere Art der Sicherheit, als sie durch Schutz oder Kontrolle oder Manipulation entsteht.
Sie werden im Laufe der Zeit immer mehr Zeuginnen und Zeugen dafür haben, die diese Ihre Bekanntmachung oder vielleicht eher „Sichtbarwerdung" mittragen.

Die Notwendigkeit, eine strikte Linie zu ziehen zwischen innen und außen, privat und beruflich, privat und öffentlich, schwindet, weil Sie sich immer und überall erlauben, Sie selbst zu sein, bzw. niemals und nirgendwo eine Ausnahme von sich selbst machen. Ihre Kernwerte werden Ihnen dabei in hohem Maße behilflich sein. Sobald Sie sich ausschließlich an ihnen orientieren und diese in sich selbst, sowie in ihren privaten, persönlichen, freundschaftlichen und beruflichen Kontakten lebendig sein lassen, ohne Ausnahme, beginnen Sie, dieses „Songline"-Gefühl zu entwickeln. Sie wandeln plötzlich auf Ihrer eigenen

Leuchtspur und kommen gar nicht mehr auf die Idee, dass „es" hier nicht passen könnte. Oder Sie.

Denn Sie wissen: Jede Situation ist eine Gelegenheit, auszudrücken, zu verschenken, zu teilen, wer Sie wirklich sind und Sie erleben mit der Zeit, dass dies immer benefitär ist für Ihre Umgebung. Je öfter Sie diese Erfahrung machen, desto sicherer werden Sie darin.

Kongruenz bedeutet auch, dass Sie mehr und mehr ein „Kind Ihrer Zeit" werden. Sie sind verbunden mit den Herausforderungen dieser Generation und nehmen Ihren Platz ein - als integraler Bestandteil des Wandels in einer immer genesenderen Welt.

Sobald Sie auf Ihren Platz gehen, fällt alles andere auf den seinigen.

Daher sind Sie gelassen mit der Relativität Ihres Weges, während Sie ihn gleichzeitig zu 100% gehen.

Sie haben ein Mission Statement für diese und Ihre Übergangszeiten – egal, ob an der „Business-Front", in einer Gemeinschaft oder in einer der neuen Communities. Was immer Sie gelernt haben, um entweder mit zu schwimmen oder sich zur Wehr zu setzen oder auch nur resilient zu bleiben, es basiert auf einem jahrelangen Dauerbombardement durch kulturerhaltende Werte. Das heißt: Selbst wenn dieser „Angriff" wegfiele, feuert Ihr psychisches Immunsystem noch eine ganze Weile, aus Gewohnheit - und trifft natürlich dabei stetig andere Rekonvaleszenten - denn es gibt immer mehr von uns, die wach sein möchten.

Daher ist es unerlässlich, einen inneren Navigator zu haben, der Sie frei von unmittelbarer, unwillkürlicher und unbewusster Reaktion macht.

Ihre Mission befähigt Sie dazu, komplett bei sich zu bleiben und gleichzeitig verbunden.

Sie fügt dem Wasser, in dem wir alle schwimmen, ausschließlich Bekömmliches hinzu: Werte, Schönheit, Heilung, Inspiration, Frieden, Lösung, Verbindung.

Kongruenz ist die Antwort auf Komplexität.

Letztlich ist es egal, ob Sie daran glauben, dass Sie Schöpfer der eigenen Realität sind und die äußere Welt eine Reflexion dessen, was Sie gestern gedacht haben - oder ob Sie an Objektivität der äußeren Realität glauben (in beiden Fällen werden Sie Recht behalten!)
In beiden Fällen ist das, was Sie an die „äußere" Welt herausgeben, mehr und mehr von Ihrem höchsten Potential gespeist.

2.4 Sie werden zu einem Beispiel, an dem sich andere orientieren. Manchmal auch mit Reibung.

Indem sie immer mehr zu dem|der werden, der Sie sind, erleben Menschen an Ihnen und durch Sie, wie es anders gehen kann. Das können Sie nicht absichtlich erzeugen. Es ist mehr ein Art Nebenprodukt Ihres eigenen Weges, das Ihnen mit der Zeit auffallen wird. Nicht allen wird gefallen, was Sie jeweils an den Tisch bringen, da sie möglicherweise auf lebendige Weise irritierend sind.

> *Ein Gramm Beispiel zählt mehr als ein Zentner guter Worte.*
> Franz von Sales (40)

Menschen spüren, dass etwas an Ihnen anders ist, dass Sie zentriert sind und von einer bestimmten Kraft getragen. Selbst wenn deren Persönlichkeit Sie ablehnen mag - etwas in ihr wird nach Ihnen schauen und Sie als Orientierungspunkt wählen.
Und Ihnen folgen, sobald Sie das brauchen für die Umsetzung eines Ihrer Mission-Projekte.

2.5 Sie werden ganz natürlich zu einem lebendigen Teil des Wandels und fühlen sich wohl damit.

Anders ausgedrückt: Ihr Mission-Kontext bestimmt Ihr Leben, nicht länger eine Identität, Marke oder Funktion.

Ich weiß nicht, ob Ihnen das schon einmal aufgefallen ist. Mir passiert dieses Phänomen öfter:
Ich spreche mit einem Menschen in einem privaten oder persönlichen Umfeld und habe den Eindruck, jemanden mit Lebensfreude, Humor, Reflexion und tollen Ideen getroffen zu haben.
Dann „besuche", also erlebe ich ihn - oder sie - in seiner oder ihrer Firma und habe plötzlich das Gefühl, nur noch mit einer Funktion zu tun zu haben. Er selbst identifiziert sich vollständig damit und nichts scheint mehr übrig geblieben zu sein von diesem lockeren, witzigen Menschen mit dem ich noch Tags zuvor über ungewöhnliche Innovationen zur Verbesserung der Welt herumspekuliert habe.
Er oder sie ist wie ausgewechselt, in einem stählernen Korsett, bedient eine aufoktroyierte Rolle und merkt das selbst noch nicht mal.

Wir leben in einer Zeit, in der Business-Empfehlungen wie: „Werde zu deiner eigenen Marke", "Personal Branding" sehr propagiert werden. Ich stimme insoweit damit überein, als dass es darum geht, mit der eigenen Leidenschaft bekannt zu werden.
Aber „Ich werde zu (m)einer Marke" gefällt mir nicht so gut.
Aus dem Mission-Verständnis heraus würde ich eher sagen wollen: Was ich bin|deklariert habe zu sein, drückt sich auch in (m)einer Marke aus.

Wenn Sie Ihr Leben aus dem Mission Kontext, Ihrer heiligen Deklaration heraus gestalten, wird keine Funktion, keine Rolle, kein Panzer mehr lange an Ihnen haften bleiben können.
Sie haben tiefes Verständnis gewonnen, dass Sie an dem besten Platz sind, den das Leben sich hat ausdenken können, um an den Konferenztisch zu bringen, wer Sie sind.
Sie sehen die „Krankheiten" Ihrer Zeit mit Mitgefühl, da sie selbst betroffen waren, Sie selbst *Ihren* Kuss der Kultur empfangen haben, dieser war unausweichlich, und Sie sind auf eine Weise anwesend, in der Sie automatisch den heilsamen, innovativen, zukünftigen Wandel hinzufügen, in das Firmenwasser einspeisen, sozusagen, in dem alle bei dem Meeting Anwesenden sitzen in ihren Funktionen, Ritualen, Gebräuchen, die „man" in diesem Wasser eben innehat.
Sie sind sehend und wandelnd verbunden.

Ein sichererer Aufenthaltsort lässt sich kaum denken (Auf Sicherheit durch Verbindung statt Kontrolle gehe ich näher ein im Unterpunkt 3.1). Dabei erlauben Sie sich eine Lebendigkeit, die ansteckend ist. Und haben immer häufiger das Gefühl, die Welle Ihres Lebens zu reiten, anstatt von ihr überspült zu werden.
Sie haben sich zudem der beliebten Krankheit Perfektion entledigt.
Denn im Sinne von Adornos Zitat leben Sie **ein immer richtigeres Leben in einem immer richtiger werdenden Leben um sich herum.**
Sie wissen, dass Sie Ihr Bestes geben, klammern sich nicht an die Ergebnisse. Sie werden von Ihrer eigenen Frequenz in einen immer vollständigeren Ausdruck Ihres Mission-Statements geführt.

Dies bedeutet:

2.6 Sie erfahren tiefe Erfüllung.

Da Sie hinzufügen, was Sie sind, wo immer und mit wem immer Sie sind, gewinnt ihr Forum Internum weltumspannende Bedeutung.

Es ist durchaus möglich, dass Sie auf diesem Pfad nicht immer glücklich sind, aber stets erfüllt. Damit meine ich, dass es durchaus sein kann, dass Sie auf der Bühne stehen, um Ihr Ding zu machen und jemand wirft Ihnen eine Tomate an den Kopf. Oder Sie haben in einer südamerikanischen Diktatur, wo Sie ein Wildlife-Programm aufziehen wollten, nur noch einen Schreibtisch zwischen sich und einem wütend brüllenden Junta-Chef. Oder der Bürgermeister Ihres Dorfes hat gerade die Guerilla-Gardening-Kampagne sabotiert, die Bäuerin, bei dem Sie ihr One-Woman-Zirkus-Mobil unterstellen wollten, ist eingeknickt, der Geldgeber für Ihr nullpunktenergiebetriebenes Moped ist abgesprungen und Sie stehen jetzt mit einem Haufen Schulden da.

Dies können durchaus Momente sein, in denen Sie auch gerade mal *nicht* glücklich sind.
Aber ich garantiere Ihnen eines: Sollte ich zu einem dieser Zeitpunkte zufällig neben Ihnen auftauchen und Sie fragen, ob Sie mit Ihrem Bruder, der gerade gemütlich in dem kleinen Strandcafé sitzt und es sich gut gehen lässt, tauschen

möchten - sie würden mit Zähnen und Klauen diese Ihre Situation verteidigen - weil sie zum Ausdruck Ihrer Mission gehört! Und Sie wissen, dass Ihr Leben, Ihr wirklich lebenswertes Leben davon abhängt, sich diesem Moment auszusetzen und daran zu wachsen.

Weitere Definitionen für Erfüllung sind: Sie würden dafür bezahlen, um das sein, das tun und so leben zu können, wie Sie es tun. Und Sie erhalten zu ihrer Beglückung sogar reichhaltige Bezahlung dafür.
Sie wachen morgens auf, realisieren nach kurzer Zeit, dass Sie tatsächlich wieder in diesem, in *Ihrem* Leben aufgewacht sind und springen wie elektrisiert aus dem Bett, weil Sie nicht erwarten können, all das zu tun, was vor Ihnen liegt. Sie sehen die beteiligten Geschöpfe vor sich, für die Sie einen Unterschied machen: Die geretteten Mädchen, die alten Herrschaften, die Tiere, Ihre Familie, die Mitarbeiter, die Syrer, die Jugendlichen, die Bauern in Lima, Ihre Klienten, Ihre Patienten - wo immer Ihre Mission Sie hinträgt. Und Sie sehen, wie sie glücklich und entspannt und ganz sie selbst sind und das lässt Sie gleich nochmal glücklich sein. Sie wollen gar nichts extra: Weder ihre Bewunderung, noch ihre Dankbarkeit, noch ihre Wertschätzung, Loyalität oder was immer es noch so geben mag.
Denn in ihren Gesichtern und ihrer Körpersprache spiegelt sich Ihre Arbeit wieder. *Das* erfüllt Sie.
Ein wundervoller Nebeneffekt ist: Je erfüllter Sie sind bei dem, was Sie tun, umso weniger spielt Anerkennung eine Rolle. Weder brauchen Sie sie, noch ist sie ein Motor für Ihre Handlungen. Es geschieht zwar häufig, dass ein Mensch "on Mission" irgendwann Anerkennung erfährt, aber das ist dann ein "Nice to have". Keine Notwendigkeit mehr, kein zu stillender Durst, kein Bedürfnis.
Es wird zwar oft gesagt, dass Anerkennung ein Grundbedürfnis des Menschen sei. Dies ist aber nur wahr in einer Welt, in der Menschen nicht sie selbst sein dürfen. Anerkennung ist die Belohnung für eine gehorsame Selbstbeschneidung und daher eine Ersatzbefriedigung.

2.7 Sie erleben, wie Wirksamkeit, Momentum, Leichtigkeit spürbar in Ihrem Leben zunehmen. Ihre Reise wird anmutig und elegant, selbst in Untiefen.

Auch dieses Phänomen ist ein Schleichendes.
Sie werden zum wandelnden Commitment. Mit dieser, fast nüchternen „Just do it!"-Energie sind und tun Sie, was eben getan werden will, ohne groß Aufhebens darum zu machen.
Der Ausdruck Ihrer Mission, die Goldspur, die Sie überall hinterlassen, wird Ihnen zunehmend wichtiger als Ihre Außenwirkung und was andere über Sie denken oder sagen.
Wirksamkeit im Sinne Ihres Wertegefüges wird ein stärkerer Antreiber als Mangel an Zuwendung; Angst, ausgeschlossen zu werden; Statusspiele und Poltern; Energie und Aufmerksamkeit bekommen zu müssen und viele dieser stimulierten Antreiber mehr.
Sie konzentrieren sich automatisch darauf, was für Sie wesentlich ist, wofür Sie Ihre Zeit ausgeben möchten und werden darin aus Wunsch und Begehren effektiv. Nicht als Selbstzweck.

Damit bekommen Sie eine andere Taktung. Sie sortieren wie von selbst das Wichtige vor dem Dringenden. Ihr Momentum erhöht sich, das heißt Wirksamkeit, Tempo und Leichtigkeit, oder noch besser: Mühelosigkeit bedingen einander und nehmen zu.

Dies führt dazu:

2.8 Ihre Unbestechlichkeit und Unerpressbarkeit erhöhen, Ihr "Standing" verbessert sich. Ganz von alleine.

Erpressbar und bestechlich ist ein Mensch dann, wenn er etwas unbedingt haben möchte, oder etwas, was ihm kostbar ist, nicht verlieren möchte.
Viele der Life-Style-„Fetische" unsere modernen materiellen Welt haben ja einen emotionalen oder Beziehungs-Zweck.
Je mehr sie Ihr Leben aus Ihrem Mission-Kontext heraus gestalten und die Welt des emotionalen Bekommen- oder Vermeiden-Wollens hinter sich lassen, umso

weniger bestechlich oder erpressbar sind Sie. Je mehr Sie Sie selbst sind, sich selbst fühlen und mögen, was Sie in sich vorfinden und wer Sie sind, weil Sie mit sich übereinstimmen und gerne in sich selbst wohnen, umso weniger müssen sie etwas verstecken oder unterdrücken. Das macht sie frech, frei und gefährlich. **Das, was für andere oft wie Mut aussieht, ist für Sie keiner, denn Sie sind an einem Punkt, an dem Ihr größter Verlust der Ihrer Selbstachtung wäre.**

Da Sie ab einem bestimmten Moment beginnen, sich fast wie ein|e Ertrinkende|r an jede Gelegenheit zu klammern, das auszudrücken, was Sie sind, im vollen Wissen, dass es sowohl Sie erfüllt, als auch Segnung und Inspiration für alles ist, was Sie umgibt, sind Sie für das „Lost in Lifestyle-Königreich", wie ich es manchmal nenne, nicht länger verführbar.

Sie mögen Ihr Auto. Weil es schön ist, zuverlässig und Ihnen ermöglicht, Ihre Mission zu erfüllen. Nicht, weil es Ihren Status oder Wert widerspiegelt.

Sie mögen ihr Mobiltelefon. Weil es Ihnen ermöglicht, in den unmöglichsten Situationen schnell kommunizieren zu können. Nicht, weil die neueste Spielerei Sie hip sein lässt.

Sie mögen Ihren Kleiderschrank. Weil alles, was sich darin befindet, ausdrückt, wer Sie sind und Sie an Tagen, an denen Ihnen diese Gewissheit vorübergehend verloren gegangen ist, daran erinnert. Nicht, weil es Sie von einer Kaste abgrenzt und Zugehörigkeit zu einer anderen garantiert. Oder Sie so wirken lassen soll.

Daher sind Sie auch für Werbebotschaften nur noch empfänglich in dem Maße, wie sie Ihnen Impulse schicken für eine aktuelle Situation.
(Ich habe das selbst oft erlebt, zahlreiche Klienten haben es immer wieder berichtet: Ab dem Moment, ab dem sie begonnen haben, ihrer Goldspur zu folgen, schienen plötzlich Reklametafeln mit bestimmten Botschaften exklusiv nur für sie dort aufgehängt worden zu sein. Werbespots Im Fernsehen. Im Radio. Immer passend zum Prozess. Just do it. Never give up. Weil ich es mir wert bin. Follow your dream. Don't be a maybe. Des Weiteren: Autoschilder, Radiosendungen, zufällig aufgeklappte oder runtergefallene aufgeklappte Bücher etc., etc.)

Beispiele:

Eine Klientin war mitten im Prozess. Sie watete gerade durch einen emotionalen Sumpf und ich hatte ihr zwei der 13 Benefits on Mission (siehe eBook Nr. 6: 25 Zeichen, an denen Sie einen Missioneer, eine Missionista erkennen und wie sie diese Eigenschaften für sich selbst aktivieren können) mitgegeben. Vertraue auf die Gnade des Lebens. Gnade, eine anderes Wort dafür ist Mühelosigkeit, bedeutet, dass nicht alles von uns selbst getan werden muss. Dass es da draußen etwas gibt, das uns unterstützt und trägt. Tatsächlich kann es sich manchmal fast so anfühlen, als ginge ein Engel vor einem her und öffnete alle Türen, sobald ein Mensch die eigene Mission gefunden hat.

> *Die einzigen Menschen, denen ich nicht helfen konnte, waren diejenigen, die an keine höhere Macht außerhalb ihrer selbst glauben.*
> Carl Gustav Jung (41)

Nun haderte sie allerdings mit Gott, Kirche und Religiosität und es fiel ihr schwer, sich auf meine „Behauptung" einzulassen. Ich hatte schon mehrfach ihr gegenüber erwähnt, dass das Leben beginnt, mit ihr zu sprechen, sobald sie sich vertrauend einlässt.

In diesem Hader sah sie plötzlich ein Plakat in der Nürnberger U-Bahn für die 62. Internationalen Orgelwochen, diesmal unter dem Motto „Gnade", geschrieben in edlen Lettern. Sie sah das Plakat und es änderte sich sofort etwas in ihr - sie war erstaunt, musste lächeln, spürte plötzlich Offenheit und Licht. Ihr Vertrauen in Synchronizität, darin, dass das Leben sie sieht und mir ihr spricht, stieg ab diesem Moment stetig, zusammen mit diesem Gefühl von Licht und Offenheit in ihr und hat sie seither nicht mehr verlassen.

Ein Coachee sah ein Urlaubsplakat „Einfach mal abtauchen" und merkte, etwas störte ihn daran. Dies war in einer Zeit, in der er gerade etwas feststeckte und der Fluss des Lebens sich eher träge und zäh bewegte. In diesem Moment verstand er, dass er selbst das getan hatte in letzter Zeit. Er war abgetaucht. Er hatte sich entzogen, betäubt. Viel besser, dachte er plötzlich, sei doch *Eintauchen*.

Mit allem zu tun haben wollen. Tiefer tauchen. Perlen suchen. Und spürte Entwicklung und Lebendigkeit. Und erinnerte sich, dass „Entwicklung" doch einer seiner Kernwerte war, denen er sich tief verpflichtet fühlte. Ab da ging es weiter für ihn. Eintauchen wurde ein Leitprinzip für ihn.

Eine Klientin war sich unsicher, ob sie aus einem Tiger-Rettungs-Projekt eine NGO oder ein Business-Modell machen sollte. Nachdem sie entdeckt hatte, dass besonders in Asien Tiger für den sogenannten Tigerwein - ein chinesisches Potenzmittel - gezüchtet und getötet werden, obwohl Tigerwein inzwischen nachweislich lediglich einen Placebo-Effekt besitzt, bekam sie einen Impuls, mit einem eigenen Getränk den asiatischen Markt zu kapern. Nun wurde es aufregend. Deutschland verlassen und nach Hong Kong ziehen, ja oder nein? In diesem heftigen Hin und Her begegnete ihr eine aktuelle WWF-Kampagne zu Tigern. Ein Tiger sah sie mit einer so extremen Traurigkeit von dem Plakat herunter an, dass es plötzlich klar wurde: Ja! Hong Kong! ASAP! Dort lebt sie heute und treibt ihr Business voran.

Das heißt also, sogar Werbung kann zum Wegweiser Ihrer Songline werden. Aber Sie sind nicht mehr länger manipulierbar, sich Dinge anzuschaffen, für ein „Um Zu", denn kein Spielzeug, kein Besitz der Welt kann Ihnen das verschaffen, was das Ausdrücken Ihrer Mission Ihnen verschafft - es sei denn, diese Güter sind ihr, der Mission, und dem Sinn, den sie erschafft, unterstellt.

> *Der Überfluß ist oft nichts gegen die Erfahrung,*
> *mit leeren Händen noch gebraucht zu werden.*
> Richard Kolb **(42)**

Wenn Sie dieses Stadium erreichen, beginnt für Sie Abenteuerland.
Sowie für alle Menschen, die sich von Ihnen anstecken lassen, mit Ihnen zu reisen.

2.9 In diesen Zeiten werden Sie nur durchhalten, emotional, geistig und körperlich, wenn Sie wirklich lieben, was Sie tun und zutiefst an dessen Sinn glauben. Alles andere ist zu anstrengend.

Solange uns dieses politische bzw. Wirtschaftssystem in dieser Form erhalten bleibt, gehören Sie entweder zu den immer reicher werdenden 147 bis 200 Unternehmerfamilien, dann kann ich Ihnen nur wünschen, dass Sie wirklich tun, was Sie zutiefst erfüllt und Ihnen ein Gefühl von Sinn und Verbundenheit schenkt. Oder Sie gehören zum großen Rest, der auf höherem oder niedrigerem Niveau leidet, die Daumenschraube zu spüren bekommt, die Härte des Wettbewerbs auf dem Markt, den wachsenden Aufwand, den eigenen Lebensstandard zu halten oder das unaufhaltsame Zulaufen auf ein prekäres Leben.

Sie werden niemals gewinnen, indem sie einfach schneller laufen und mehr sparen. Das ist der direkte Weg, sich auszupowern und sich jegliche Lebensfreude zu nehmen bzw. nehmen zu lassen.

„Ich mach nur das Nötigste (für Geld) und verbring den Rest mit Feiern", ja, alle Arten der Verweigerung sind allerdings auch keine Lösung, wenn auch als möglicher erster Schritt sinnvoll.

Die beste Strategie ist meiner Meinung nach, die Daumenschraube und die Dauerstimulation von Existenzängsten als gegeben zu akzeptieren und gleichzeitig den Mut zu haben, sich täglich den Luxus zu gönnen, intensiv über das nachzudenken, was Sie sich aus tiefstem Herzen wirklich wünschen. Das ist in den seltensten Fällen „mehr Geld". Meist geht es dabei um „Freiheit". Und auch hier würde ich noch nicht aufhören, zu fragen. Freiheit, wer zu sein oder was zu tun?

Und dann legen Sie los. Ganz im Sinne des Sponti-Spruchs aus den Siebzigern: „Du hast keine Chance, also nutze sie" können Sie sich, wenn es eng ist, genauso gut vollkommen dem widmen, was in Ihnen brennt und dem bedingungslos folgen. Glauben Sie nicht daran, dass Sie erst satt sein müssen oder die nächste Miete gesichert sein muss.

Fragen Sie sich statt dessen: Angenommen, ich könnte an dem Umstand, dass ich nächsten Monat die Miete nicht zahlen kann, nichts ändern - worauf möchte ich am Ende dieses nächsten Monats zurückblicken - auf Nervosität, depressive Stimmungen, Schlafstörungen, sorgenvolle Gespräche mit allen, die mich kennen und Appetitlosigkeit? Oder darauf, jeden Tag in der Natur gewesen zu sein und gezeichnet und Wildkräuter gegessen zu haben? Im Gartenprojekt 2x wöchentlich mitgeholfen und dafür Obst und Gemüse erhalten, plus etwas über Permakultur gelernt zu haben? In der Bibliothek gewesen und einfach alles über Napoleon und diese Zeit gelesen, von Karotten und Gratis-Kaffee gelebt zu haben und eine Idee für ein Spiel bekommen? Jeden Tag laufen gewesen zu ein und die Laufleistung erhöht und dabei plötzlich die Idee von DogJogSitting bekommen zu haben.
Sie haben nicht genug Geld und Platz für einen eigenen Hund, aber Sie lieben Hunde und Laufen, haben die Aussagen von Hundehaltern im Kopf wie: *Ich und mein Hund haben zu wenig Bewegung und ich hab überhaupt zu wenig Zeit für ihn* und plötzlich kommen die Dinge in Fluss. Sie joggen mit Hund oder mit Hund und Halter in der Mittagspause.

Ein paar Beispiele.

So oder so werden Sie in diesen „engen" Zeiten nur erfolgreich mit etwas, was Sie so sehr lieben, dass es Ihnen diese Zusatzportion Durchhaltevermögen und Disziplin verleiht, die es heute braucht gegenüber den Neunzigerjahren des vergangenen Jahrhunderts und Jahrtausends, um mit dem eigenen Business wirklich überleben zu können und nach vorne zu kommen.

Vielleicht gehören Sie auch zu der Schicht, die nicht mehr arbeiten muss für ihr Einkommen.

Entweder, weil Sie Ihr Unternehmen verkauft, geerbt oder für sich diverse Quellen passiven Einkommens generiert haben und Privatier geworden sind. Gerade Sie werden in diesen Zeiten deutlich immer wieder Gefühle von Bedeutungslosigkeit erleben und den starken Drang, etwas wirklich Sinnvolles anzufangen mit Ihrem Geld, Ihrer Zeit, Ihren Kompetenzen, die Sie im Laufe ihres Geschäftslebens erworben haben.

Hiermit ist nicht die klassische Zweiteilung gemeint zwischen: Die linke Hand spekuliert mit Pharma-Aktien und ein Teil des Erlöses fließt über die rechte Hand in die Krebskinder-Stiftung, die wiederum Pharma-Forschung finanziert. Sondern etwas, was Ihnen persönlich sehr viel bedeutet, wo Sie persönlich einen echten "Impact" haben, selbst wenn dieser für die öffentliche Anerkennung völlig unsichtbar bleibt.

Beispiel:

Ich denke da an einen Geschäftsmann, der ein sehr erfolgreiches IT-Sicherheits-Unternehmen betrieben hat und damit zum Multimillionär wurde. Er verkaufte sein Geschäft. Seine Ex-Frau und Kinder waren versorgt und führten ihr eigenes Leben, er hatte in Deutschland ein Haus und baute sich im europäischen Süden ein weiteres und hatte nun jede Menge Zeit.

Diese verbrachte er zunächst mit Reisen. Mit ein paar Affären. War ruhelos und voller Tatendrang, gleichzeitig immer noch getrieben von seinem *„Schneller, höher, weiter, ich bin der Beste auf dem Markt und meinem Gegenüber im Kopf immer einen Schritt voraus, ich verhandle hart und sehe zu, dass ich möglichst oft gewinne.* Es war ihm zwar bewusst, dass das seine Konditionierung - insbesondere als Mann - ist, allerdings hatte sie ihn immer erfolgreich sein lassen (außer langfristig in Beziehungen).

Zu diesem Zeitpunkt kannten wir uns schon eine Weile und waren befreundet. Nun bat er mich, ihn zu begleiten, um seine Mission herauszufinden.

Sein Mission Statement ist wunderschön: *„Mein Leben on Mission ist gewidmet dem Prinzip der wechselseitigen, tiefen, verbindlichen Verantwortung und einem blühenden, lustvollen Leben in Schönheit, Freude und Entwicklung".*

Sein Mission Projekt hatte damit zu tun, NGOs beratend unter die Arme zu greifen, um mehr Wirtschaftlichkeit zu erzielen. Dem ist er eine Zeitlang gefolgt, hatte viel Freude dabei und entdeckte dann, als er in einem Projekt zur sozialen Gerechtigkeit in Lima war, seine wirkliche Leidenschaft. Er verliebte sich in die

Augen eines 11-jährigen Mädchens, das nicht lesen konnte. Und ein Kernwert wurde wach in ihm, das leidenschaftliche Eintreten für Chancengleichheit und Zugang zu Bildung. Bildung war ihm bei seinen eigenen Kindern sehr wichtig gewesen und dies nicht nur - das war ihm schon klar - aus Wettbewerbsgründen. Was die anderen Gründe dafür gewesen sein mochten, hatte er nie genauer beleuchtet. Und er begann, ein Business-Modell für NGOs zu entwickeln, das für sie funktionierte und sie gleichzeitig in die Pflicht nahm, weltweit Schulen für Mädchen zu bauen.

Niemand weiß, dass er dahinter steckt, denn die jeweilige Schule trägt den Namen der NGO.

Er zieht es vor, anonym zu bleiben, aber liebt es unendlich, an den wachsenden Schulen beteiligt zu sein - als Berater, manchmal Bauherr, manchmal Interims-Leiter. Und sagt, nichts in seinem Leben hat ihm je soviel tiefe Freude und Erfüllung bereitet. Er erlebt endlich echte Bedeutung. Seine Partnerin hat er bei dieser Tätigkeit auch kennen gelernt und die Beziehung basiert auf einer gemeinsamen Vision.

Aufenthaltsort 3 „Die Welt da draußen"
„Mission Welt"

3.1 Ihre Fähigkeit zu Verbindung, Selbstsicherheit und Selbsttranszendenz erhöht sich spielerisch.

> ...All this calls for a new approach to global problems. The world is becoming smaller and smaller - and more and more interdependent - as a result of rapid technological advances and international trade as well as increasing trans-national relations. We now depend very much on each other. In ancient times problems were mostly family-size, and they were naturally tackled at the family level, but the situation has changed. Today we are so interdependent, so closely interconnected with each other, that without a sense of universal responsibility, a feeling of universal brotherhood and sisterhood, and an understanding and belief that we really are part of one big human family, we cannot hope to overcome the dangers to our very existence - let alone bring about peace and happiness.
>
> ... All dies ruft nach einer neuen Annäherung an globale Probleme. Die Welt wird kleiner und kleiner - und wechselseitig abhängiger (interdependenter) - als Ergebnis von rapidem technologischem Fortschritt und internationalem Handel einerseits, sowie zunehmenden transnationalen Beziehungen andererseits. Wir sind heute sehr abhängig voneinander. In früheren Zeiten hatten die Probleme Familiengröße und sie wurden auf natürliche Weise innerhalb der Familie gelöst, aber die Situation hat sich geändert. Heute sind wir so interdependent, auf so enge Weise wechselseitig verbunden, dass wir ohne einen Sinn für universelle Verantwortung, dem Gefühl von universeller Geschwisterlichkeit und dem Selbstverständnis, der Überzeugung, dass wir wirklich ein Teil einer einzigen großen Menschenfamilie sind, keinerlei Hoffnung hegen dürfen, die Gefahren unserer puren Existenz zu überwinden, geschweige denn, Frieden und Glücklich sein bringen zu können.
>
> *Seine Heiligkeit, der 14. Dalai Lama* **(43)**

Ihre Mission *verbindet* **Sie mit Ihrem Leben.** Sie müssen sich nicht länger schützen. Sie haben eine Möglichkeit, adäquat auf alles um sich herum einzugehen und so vergrößern sich die Ringe Ihrer Wahrnehmung, Ihres Einflusses, Ihrer Farbe auf ganz natürliche Weise, ohne Trennung vorzunehmen. Ihr „Rudel" besteht nicht länger aus den 25 bis 150 Menschen, die Sie persönlich kennen und mit denen Sie häufig interagieren, sondern mit allen Lebewesen auf diesem Planeten. Menschen, die Sie gar nicht kennen, werden zu Ihren globalen Geschwistern.

Erstaunlicherweise führt genau das zu mehr Sicherheit und Selbstsicherheit. Indem Sie mehr und mehr mit dem zu tun haben *wollen*, was das Leben Ihnen vielleicht schief, krude oder schmerzhaft präsentiert, da sich hinter all diesem ein Hinweis für Ihre Entfaltung "on Mission" verbergen könnte, verschwinden Mauern und Barrieren fast unbemerkt von selbst. Sie wollen mehr und mehr wissen, wie die Dinge wirklich zusammenhängen. Sie möchten aktiv und verantwortlich dazu beitragen, diese Welt zu einem besseren Ort zu machen. Sie lassen sich auf dieses Leben ein mit Leidenschaft und ohne Hintertür. Und Sie mögen mehr und mehr die Person, die Sie sind, weil Sie die Art mögen, wie Sie in der Welt sind.

Ein arabischer Frommer namens Sa'di traf eines Tages im Winter ein Kind, frierend in seinem dünnen Kleid und ausgehungert. Da wurde er zornig und sagte zu Gott: Wie kannst du das zulassen? Warum tust du nichts dagegen? Eine Zeit lang blieb seine Anklage ohne Antwort. Aber in der Nacht, im Traum wurde ihm plötzlich gesagt: Sa'di, wie kannst du sagen, ich tue nichts dagegen? Ich habe wohl etwas dagegen getan. Ich habe dich geschaffen. (44)

Der zweite Aspekt Ihrer wachsenden Selbstsicherheit entstammt dem Umstand, dass Sie etwas gefunden haben, das so stark ist, dass es Sie täglich schon fast zwingt, über Scham, Befangenheit, Schüchternheit, Angst, abgelehnt zu werden oder sich lächerlich zu machen, hinauszuwachsen.
Ich spreche hiermit ganz und gar nicht von Durchsetzung. Das ist eine Verfahrensweise, die mit Sieg und Unterwerfung zu tun hat und letztlich auch auf Angst, mindestens auf Stress, basiert, zumal hier immer nur einer von beiden

siegen kann. Das wird oft mit Selbstsicherheit verwechselt!
Tatsächlich muss man für diese Haltung Verletzlichkeit, Herz, Mitgefühl, Sensibilität und Empathie ein ganzes Stück weit verdrängen und unterdrücken.
Ihre Mission finden Sie aber nur genau *dort*!
Sie liegt in etwas, das Sie so sehr betrifft, dass es Ihnen fast Ihr Herz bricht.
Dies ist ein Herzensbruch der schönen und poetischen Art. Er zeigt Ihre Sehnsucht nach der Person, auf die Sie gewartet haben, die Ihnen durch Haltung und Handlung das Vertrauen in die Menschheit zurück gibt. *Sie selbst.*

Wenn Sie diesen Ort Ihrer höchsten, intimen und heiligen Verletzlichkeit betreten und erlebt haben, werden Sie wider Erwarten weder plattgemacht, noch darin sterben, weil es so wehtut. Erstaunlicherweise wächst Ihnen genau aus diesem Ort die Kraft zu, über alles hinauszuwachsen, was diesen Ort jemals zugeschüttet haben mag und noch viel weiter. Bis an den äußeren Ort, in der Welt, der Ihren poetischen Herzensbruch am besten widerspiegelt und genau in den Moment hinein, in dem Sie, an diesem Ort, plötzlich realisieren, dass Sie nun den Einfluss haben, hier tatsächlich, freudvoll, nachhaltig und mühelos, etwas ausrichten zu können.
Unbemerkt legen Sie auf diesem Weg Fesseln und Blockaden ab, die zu Ihrer Persönlichkeit gehören, bzw. die Ihrer wahren Persönlichkeit im Weg standen.

Falls bis dato Gedanken wie: *Das ist zu groß für mich,* wahlweise, *ich bin zu klein dafür. Das ist|ich bin zu weit weg. Ein|e Einzelne|r kann hier nichts ausrichten, ich muss erst meine Schulden bereinigen, mein Studium abschließen, meine Trennung hinter mich bringen,* Sie zurückhalten konnten - diese existieren nicht länger. Sie orientieren sich ausschließlich an Ihrer Mission und folgen den Impulsen, die sich daraus ergeben, fühlen sich dabei immer lebendiger und mehr zuhause in sich selbst und sind plötzlich an einem Ort Ihres Einflusses, den Sie nicht für möglich gehalten hätten.

3.2 Erfüllung und Kongruenz

Erneut auch hier, ja.

Es gibt tatsächlich kaum eine größere Bedingung für Erfüllung als die Gewissheit, dass Sie mit Ihrem „kleinen" Leben (inmitten 7 Milliarden anderer Leben auf diesem Planeten) täglich so leben, dass Sie eine wandelnde Lösung oder zumindest die Abwesenheit des Problems sind, das Sie als zentral auf diesem Planeten erkannt haben.

Sei es, dass Sie Ihr Haus ökologisch so umgebaut haben, dass Ihr Fußabdruck zukunftsfähig ist. Oder dass Sie vegan leben (das wurde *mir* extrem wichtig – in dem Rahmen, in dem ich es beeinflussen kann, nicht mehr Teil eines Konsumkreislaufs zu sein, der Tierleid verursacht).

Sie betreiben Nachbarschaftshilfe. Sie haben Plastik aus Ihrem Leben verbannt. Sie begrünen Ihre Stadt. Sie sammeln Müll in ihrer Stadt. Sie betreiben Random Acts of Kindness: Anonyme glückliche Überraschungen für diejenigen, die es dringend gebrauchen können. Sie ermöglichen Bildungsprogramme. Sie beschäftigen Obdachlose.

Kurz: Sie leben Ihr Leben in einer Art, von der Sie wissen, dass sie Auswirkung hat auf Menschen auf der anderen Seite des Planeten.

3.3 Ihr Business wird nur überleben, wenn es eine Nischennische besetzt. Ihre! Diese muss zwangsläufig innovativ sein. Ihre Mission lässt sie Teil der zukunftsfähigen Gruppe der Menschheit sein.

Wenn ich die Zeichen der Zeit richtig lese, dann läuft auch im Business alles auf eine Schlacht zwischen zwei Prinzipien zu. Das eine Prinzip sagt: Sieh zu, dass du zur Elite gehörst, betrachte Menschen als Humankapital und Tiere und Natur als verwertbare Dinge, verschreibe dich der Profitmaximierung um jeden Preis, mach hohe Gewinne und verteile Risiken und Verluste auf andere, erschaffe Produkte und Dienstleistungen, die niemand braucht und stell sicher, dass sie rechtzeitig kaputt gehen. (*Geplante Obsoleszenz*).

Der Zustand unseres Planeten ist das Ergebnis.

Das zweite Prinzip lautet: Lerne von der Natur, erschaffe nur Dinge, die wirklich gebraucht werden, einen echten Bedarf decken. Achte auf deinen sozialen, energetischen und ökologischen Fußabdruck (45) auf diesem Planeten, denke vorausschauend, nachhaltig, gerecht und miteinbeziehend, sei schöpferisch und achte auf und lebe Schönheit und Liebe.

> *Zwei Wölfe...*
> *Ein alter Indianer saß mit seinem Enkelsohn am Lagerfeuer. Die Nacht hatte sich über das Land gesenkt und das Feuer knackte und krachte, während die Flammen hoch hinaus in den Himmel züngelten.*
> *Nach einer langen Weile des Schweigens sagte der Alte zu seinem Enkel:*
> *„Weißt du, manchmal fühle ich mich, als wenn zwei Wölfe in meinem Herzen miteinander kämpfen würden. Einer der beiden ist rachsüchtig, aggressiv und grausam. Der andere hingegen ist liebevoll, sanft und mitfühlend."*
> *„Welcher der beiden wird den Kampf um dein Herz gewinnen?"*
> *fragte der Junge.*
> *„Der Wolf, den ich füttere." antwortete der Alte.*
> Alte Cherokee-Legende **(46)**

In unserer jetzigen Zielgeraden dieser Schlacht habe ich das Gefühl, jede|r von uns wird gerade auf die eigenen Grundfesten getestet und erfährt die Antwort unmittelbar.

Burn und Bore out geschehen schneller, Depression ist weitverbreitet und schlägt heftiger zu, in Großkonzernen vereinsamen die Soziopathen unter sich. Jede tägliche Entscheidung erfährt überdeutliche Rückmeldung, in beide Richtungen. Will ich das, was tief in mir brennt, mir ein Herzens- und Seelenanliegen ist, wichtiger sein lassen als die feuernde Existenzangst? Stehe ich jeden Morgen auf und male als erstes 3 Stunden, obwohl meine Werbeagentur keine Kunden anzieht gerade? Komponiere ich oder betäube ich meinen Job-Frust mit Bier? Bleibe ich in der Firma, in der das Klima unmenschlicher wird und langsam jegliche Integrität flöten geht, weil ich Angst habe, zu springen und mache daher gute Miene zum bösen Spiel oder bleibe ich, weil ich standhalten und weiterhin Werte und Menschlichkeit an den Konferenztisch bringen will, obwohl meine Vorgesetzten mir dafür am liebsten an die Gurgel springen würden, weil ihnen das Wasser bis zur selbigen steht und sie den Druck einfach nur an mich weitergeben?

> *Wer die Freiheit aufgibt, um Sicherheit zu gewinnen, wird am Ende beides verlieren.*
> Benjamin Franklin **(47)**

Dies gilt heute mehr denn je, glaube ich. Ich erlebe diese unsere aufregende Zeit, in der wir hier gerade leben, als riesige, bewusstmachende Motive-Putzmaschine.

Um diese Entscheidung treffen zu können, braucht es einen starken Orientierungspunkt, um nicht in die überall stimulierte Angst-und Panikwelle hineingesogen zu werden. Einen Orientierungspunkt, der Ihnen stetig einen kleinen Spalt aus *„was will ich statt dessen und wie kann ich das selbst sein?"* offen hält, *bevor* sie reagieren. Noch besser ist: *Was will ich wirklich und eigentlich, ganz unabhängig davon, was ich gerade vor mir sehe*? Denn „statt dessen" schielt immer noch mit einem halben Auge auf die zu wandelnde Situation.

Das macht Ihre Mission für Sie und mit Ihnen.

Zum Einen leben Sie aus Ihrer Vision heraus, aus Ihrem Traum von einer bekömmlicheren Welt.
Zum Anderen sind Sie verbundener mit den Geschicken Ihrer mitlebenden Geschöpfe auf diesem Planeten und den Zeitläuften. Aus diesem Zusammenhang wird sich ganz natürlich Ihre Nischen-Nische herauskristallisieren. Das was zu Ihnen, Ihren Talenten und Ihrer Geschichte passt wie ein Handschuh. Das ist so natürlich wie zwangsläufig etwas, das auf einen tatsächlichen Bedarf fällt und ein reales Bedürfnis erfüllt. Für Ihre Mission – Ihre Nischen-Nische muss kein künstliches Bedürfnis geweckt werden. Für Sie ist es das Großartigste auf der Welt, sich damit beschäftigen zu können. Tatsächlich bedient sich das

Leben Ihrer Offenheit, Ihres Commitments und Ihrem Gabenkorb, um etwas wirklich Hilfreiches zu erschaffen. Die Vision als fester Bestandteil Ihrer Art des Unterwegs-Seins gebiert etwas „aus der Zukunft". Etwas, was gebraucht wird, um uns als Spezies Mensch zukunftsfähig zu machen und dem Planeten selbst und den Bewohnern, die ihn mit uns Menschen teilen, eine Zukunft zu schenken.

3.4 Verantwortlichkeit

Es gibt einen wesentlichen Unterschied zwischen „sich schlecht fühlen" und „sich zuständig fühlen".
Sich schlecht fühlen basiert auf Schuld, Wertlosigkeit, Versagen, Urteil und Aufopferung.
Alles was Sie und ich aus Schuld heraus tun, vergrößert die Schuld. Und es erschafft ein Fass ohne Boden.

Ich habe das erlebt bei vielen vielen Tierschützern und -rechtlern. Hunderte von Hunden auf einem maroden Gelände, es reicht hinten und vorne nicht, selbst haben sie oft nichts zu essen, alles geht an die Tiere und nie ist es genug. Ständig steht der Hof, die Finca, das Refugium vor dem Aus. Am Ende steckt oft die gleiche Aggression in den Tierschützern wie in den Tierquälern und so bleibt erhalten, was vergeblich gerettet wurde, wieder und wieder. Schmerz und Ohnmacht wachsen ins Unendliche. Was scheinbar aus Liebe begonnen hat, ist ein Überlebenskampf mit Schmerz, Einsamkeit und Frustration geworden.
(Die stärkste Absicht setzt sich durch, Sie erinnern sich?)
Die andere Seite davon ist, dass viele Menschen sich davor schützen, in noch mehr Aufopferung hineinzugeraten und aus dieser Sorge fast absichtsvoll blind und taub werden für die Hilferufe in der Umgebung. Das ist eine Haltung der *Leugnung*. Auch sie führt zwangsläufig zu mehr Schuld, denn sie schüttet sozusagen das Kind mit dem Bade aus. Sie lässt auch die Zuständigkeiten an sich abprallen.
Im Nachgang schmerzt nichts so sehr wie diese ungenutzten Gelegenheiten, an denen die Seele, Ihre Essenz wachsen wollte. Ich bin mir sicher, Sie erinnern sich sofort an ein, zwei Gelegenheiten in Ihrem Leben, als das so war.

Zuständigkeit hingegen setzt sich zusammen aus Selbstachtung, Verantwortung, für das einzustehen, was Sie lieben und Vertrauen darin, dass Sie erkennen, was das Leben als zu Ihnen gehörig kommuniziert.

Sie spüren, was zu Ihnen gehört und was nicht, Sie tun das Ihrige, aber überfordern sich nicht. Sie achten auf die Balance, aber unterfordern sich nicht. Sie tragen nicht die ganze Welt auf Ihren Schultern, aber schultern das, was Ihnen das Leben unmittelbar vor die Füße legt.

Ein furchtbarer Sturm kam auf. Der Orkan tobte. Das Meer wurde aufgewühlt und meterhohe Wellen brachen sich ohrenbetäubend laut am Strand. Nachdem das Unwetter langsam nachließ, klarte der Himmel wieder auf. Am Strand lagen aber unzählige von Seesternen, die von der Strömung an den Strand geworfen waren.

Ein kleiner Junge lief am Strand entlang, nahm behutsam Seestern für Seestern in die Hand und warf sie zurück ins Meer.

Da kam ein Mann vorbei. Er ging zu dem Jungen und sagte: „Du dummer Junge! Was du da machst ist vollkommen sinnlos. Siehst du nicht, dass der ganze Strand voll von Seesternen ist? Die kannst du nie alle zurück ins Meer werfen! Was du da tust, ändert nicht das Geringste!"

Der Junge schaute den Mann einen Moment lang an. Dann ging er zu dem nächsten Seestern, hob ihn behutsam vom Boden auf und warf ihn ins Meer. Zu dem Mann sagte er: „Für ihn wird es etwas ändern!" (47)

Wenn Sie dieser Spur folgen, werden Sie feststellen, dass Sie immer alle Ressourcen zur Verfügung haben, die Sie benötigen, um das zu tun, was durch Sie zu tun ist.
Engpässe bleiben nicht lange. Ihr Gefühl für Verantwortlichkeit schaltet diese gewisse, lustvoll-sportliche „Geht nicht, gibts nicht"-Einstellung wach. Liebe und Selbstliebe, Selbstachtung und Selbstwertschätzung lassen Sie zudem gelassen genug sein, alle Möglichkeiten, Chancen, Gelegenheiten, sowie ungewöhnliche

Ideen und Gedankenblitze wahrzunehmen und ihnen nachzugehen.
Auch das lässt Sie verbunden sein mit Ihrer Welt und schenkt Ihnen zunehmend tiefes Vertrauen ins Leben.

> „In dem Augenblick, in dem man sich ganz einer Aufgabe verschreibt, bewegt sich die Vorsehung auch. Alle möglichen Dinge passieren, die sonst nie geschehen, um einem zu helfen. Ein ganzer Strom von Ereignissen wird in Gang gesetzt durch diese Entscheidung und er sorgt zu den eigenen Gunsten für zahlreiche, unvorhergesehene Zufälle, Begegnungen und materielle Hilfen, die sich kein Mensch vorher je so erträumt haben könnte. Was immer du kannst oder dir vorstellst, dass du es kannst, beginne es. Kühnheit trägt Genius, Macht und Magie in sich. Beginne jetzt."
> W.H. Murray (48)

3.5 Ihre Spiritualität bekommt eine Richtung

> „Ein spiritueller Weg, der nicht in den Alltag führt, ist ein Irrweg."
> Pater Willigis Jäger (49)

Tatsächlich spüren heute viele Menschen den Ruf, sich ihrer geistigen Seite zuzuwenden, dem natürlichen menschlichen Bedürfnis nach Spiritualität nachzugeben und nach Bedeutung und Wesentlichkeit zu suchen.

Sie merken es schon - alle drei Orte „schwimmen" ineinander und bedingen sich gegenseitig. Mikrokosmos und Makrokosmos, innen und außen haben das gleiche Gewand und das gleiche Vehikel, mit dem Sie navigieren.

Fazit: Da Sie immer durchgängiger Sie selbst sind und Ihr Leben in wachsenden Ringen leben, auch wenn sie sich nicht um die Dinge drehen, wie Rilke das schrieb, sondern einfach mehr und mehr ausdehnen, wer Sie sind und unterwegs bei niemandem und nirgendwo eine Ausnahme von sich selbst machen, verschwinden die Trennungen.

Das Leben wird einfacher. Kongruenz ist Ihre passende Antwort auf Komplexität. Ihr Energielevel erhöht sich. Sie sehen klarer. Sie akzeptieren, wie die Dinge sind und tun das Ihre. Sie lassen sich und andere sein, aber verhandeln Haltung, Verhalten und Kommunikation an den Schnittstellen. Sie werden gütig und tolerieren nichts. Ihr Leben hat einen tiefen Sinn. Sie werden zu einem Menschen, den Sie selbst respektieren und mögen. Sie sind Ihre eigene Hoffnung. Sie leben spürbar in Frieden und sind auf befriedigende Weise wirksam in den Bereichen, die Ihnen ganz besonders am Herzen liegen.

FAQ-Sektion

Hier kommt eine Reihe von möglichen Fragen, die Sich aus der Lektüre dieses Buches ergeben können und die mir auch schon gestellt wurden. Ich möchte gerne die Gelegenheit nutzen und sie hier beantworten.

1) Sind die Mission und das Mission Statement das Gleiche? Also: Ist das Mission Statement die Mission?

LH: Nein.
Das Mission Statement beschreibt die Mission, ist die Form auf Metaebene, über die die Mission sichtbar werden kann. Das Mission Statement ist sozusagen die Speisekarte. Diese esse ich selbst ja auch nicht wegen der köstlichen Speisen, die darauf abgebildet sind sondern nutze sie, um das Essen zu bestellen.
Genauso kann das Mission Statement genutzt werden, es kann damit gearbeitet werden, um mehr von den Dingen in die Realität „hinein zu handeln" und auszudrücken, die dazu passen.
Dies können eben ganz verschiedene Projekte und Ausdrucksformen sein, aber alle haben als Ausgangs- und Orientierungspunkt das Mission Statement.
Durch die stetige Arbeit mit dem Mission Statement kann man auch viel leichter von seinem „Mission Moment" gefunden werden. Was ist der **Mission Moment**?
Der Moment, in dem das Leben etwas auf eine bestimmte Weise serviert und plötzlich wird klar, was und warum.

Beispiele:
Bei Buckminster Fuller war es die Trimmungsklappe eines Ozeanriesen. Er stand, bankrott und alkoholkrank, ein paar Jahre nach dem Verlust seiner kleinen Tochter an einem Strand und dachte ernsthaft an Selbstmord.
Er sah das Riesenruder eines Schiffs und ihm kam in den Sinn, dass die sogenannte Trimmungsklappe an sich sehr klein ist und keinerlei Kraft benötigt, bewegt zu werden, dass sie aber letztlich zuständig ist für die Bewegung des Ruders und damit die gesamte Richtung des Ozeanriesen. Und in ihm wurde eine Art Feuer wach, sein Leben der Erforschung zu widmen, wie sehr ein einzelner, der einfach seinen Fuß in den Fluss hängt, die Bewegung des Mainstreams

verändern kann. Das hat ihn in diesem Moment gerettet und uns viele aufregende Erfindungen, innovative Konzepte und zukunftsträchtige Gedanken beschert.

Bei Wangaari Mathaai war es der Moment, als sie davon hörte, wie es den armen Frauen auf dem Land geht. Kein sauberes Wasser, kein Feuerholz, kein Futter für die Tiere, erodierte Böden. Also ging sie nach Nairobi mit einem kleinen Team und pflanzte dort 7 Bäume. Danach begann sie ihr Green Belt Movement, konnte die pflanzenden Frauen zusätzlich bezahlen durch Patenschaften, die Leute im Westen dafür übernahmen und heute sind es über 30 Millionen Bäume, die Kenia wieder begrünen.

Interessanterweise war sie Teil des *Mission Moments* von Felix Finkbeiner, dem Jungen hinter Plant the Planet, nämlich als er von ihr hörte und las, inmitten eines Vortrags für die Schule zur Klimakrise, da war er 9 Jahre alt,. Er schloss seinen Vortrag mit: „Wir Kinder sollten in jedem Land eine Million Bäume pflanzen." Seine Lehrerin war beeindruckt und erzählte Kollegen und der Direktorin davon. Diese schickte ihn in andere Schulen, um über seine Ideen zu berichten. 2 Monate später wurde in seiner Schule die erste Baumpflanzaktion veranstaltet. Heute, 2015, haben sich Kinder aus 93 Ländern beteiligt und 13 Millionen Bäume gepflanzt.

Gandhi hatte zwei „Mission Moments". Einmal, als er feststellte, dass die Bibel und die Baghavad Gita sich inhaltlich vielerorts treffen. Er entwickelte dadurch in sich eine Art universelles religiöses Verständnis, das ihn mit Hindus und mit Christen verband und ihn ab diesem Moment eher auf das Verbindende, als auf das Trennende blicken liess. Er nutzte verschieden religiöse Schriften für seine persönliche Charakterbildung.
Gandhis 2. Mission Moment traf ihn in Südafrika, wo er als Rechtsbeistand einer afrikanischen Firma angestellt wurde für eine bestimmte Zeit. Genau am Tag seiner geplanten Rückreise nach Indien erfuhr er aus der Zeitung, dass seinen indischen Landsleuten in Afrika das Wahlrecht genommen werden sollte.
Statt eines Abschiedsfests gab es nun ein spontanes Arbeitsmeeting dazu und er blieb, zunächst ein paar Monate, letztlich 20 Jahre und begann damit seinen außerordentlichen Pfad.

Es ist eine Art „Ping". Entweder tiefe Freude oder elektrisierende Zuständigkeit. Durch die Arbeit mit dem Mission Statement wird es viel einfacher, diese Momente anzuziehen und zu erkennen.

2) Ist „ein Star sein" denn nicht auch ein „sein"?

Lauretta, wenn du sagst, die Mission ist ein Kontext, der nur das Sein gestaltet, dann müsste doch auch „Berühmt sein" „Erfolgreich sein" „Ein Star sein" als Kontext gelten, oder nicht?

LH: Nein. Auch wenn rein grammatikalisch stimmt: *Berühmt sein ist doch auch ein „Sein".*

Ich wollte ja unbedingt mal Karriere machen und berühmt sein in der Annahme, dies sei ein Ort.
Mein Ort. Ruhm. Anerkennung.

Das Problem dabei ist: Ich benötige dazu andere Menschen, die mich berühmt machen. Heutzutage setzt sich die Gruppe derer, die meinen Ruhm „machen" aus zwei Gruppen zusammen: Denjenigen, die damit viel Geld machen oder zumindest an die Möglichkeit dazu glauben und denjenigen, die daran gewöhnt werden und sich selbst daran gewöhnt haben, in einer großen Gruppe Fremdsiege und Fremderfolge frenetisch zu feiern, also: Sich mit anderen zu identifizieren, die Erfolg haben. Ein Star wird gemacht.

„König sein" wäre auch so ein Beispiel. Ein König ist a) eine Funktion und b) braucht er dazu einen Hofstaat. Ist ein König denn ohne Reich und Hof auch ein König? Ja. Er muss dafür immerhin eine Geburtsurkunde und eine verfassungsrechtliche Regelung vorlegen können. Dies sind Bedingungen gesellschaftlicher Natur. Daher würde „ich bin König, ich bin ein Star, ich bin berühmt" in keinem Mission Statement vorkommen. Eine Formulierung, die Abhängigkeit von anderen beschreibt oder als Voraussetzung für den Ausdruck der eigenen Lebensmission behauptet, führt nicht in die eigene Mitte und schon gar nicht in die Selbstbestimmtheit. Es entsteht Druck und eine „erst wenn" Haltung. Diese ist der kulturellen Sichtweise auf eine Lebensmission sehr verwandt (was ein Mensch im Laufe seines Lebens tut oder sich erwirbt): „Erst wenn ich Ruhm habe, mich so und soviele Leute kennen, ich einen Filmpreis habe usf., also „jemand" bin, ein gemachter Mann. Ein – von anderen - gemachter Jemand. Dann erst, werde ich angekommen sein, meine Erfüllung, wahlweise meinen Seelenfrieden *haben.*" Hingegen kann ich „Führung in Bewegung" sein. Führung in Frieden. Führung in Fülle. Das zu sein kann ich genau dort beginnen, wo ich gerade bin. Und genau zum jetzigen Zeitpunkt. Ich brauche nur mich, Sie brauchen nur sich, um Ihre Mission zu sein. Darum geht es. Hier beginnt die Magie!

Das Mission Statement ist immer so formuliert, dass es zu jeder Zeit und überall, bei der Morgentoilette im Bad, im Urlaub oder auf einer Bühne, gelebt und ausgedrückt werden kann. Die Mission lebt von innen nach außen.

Übrigens ist darin möglichst auch keine Formulierung enthalten, die andere abhängig sein lässt von Ihnen. Nichts, was den Rest der Menschheit als unfertig, problematisch, krank, schief oder ungenügend beschreibt. Dies wäre eine unbekömmliche Vision. Eine „ungeheilte" Welt als Voraussetzung für Ihr Dharma *erhält* diese ungeheilte Welt. Am besten wählen Sie also eine Vision der Welt, die das **Ergebnis Ihrer getanen Arbeit** ist. Und schließen dann bitte noch mit ein, welchen Platz Sie selbst darin haben.

3) Ja, ist das Mission Statement nicht einfach nur ein positiver Glaubenssatz, eine positive Affirmation?

LH: Nein. Eine positive Affirmation ist das Gegenteil von etwas, das ich nicht will. Von dem, was ich als negativ bewerte oder als schmerzhaft erlebe. Wenn ich arm bin und darunter leide, dann ist eine positive Affirmation zum Beispiel: „Ich bin reich und wohlhabend und habe alle Fülle dieser Welt verdient".

Das Mission Statement ist kein Gegenteil von etwas und kommt aus einem inneren Ort, der sich nicht über Gegenteile definiert.

Es kann aber sein, dass ich Armut als Zugehörigkeitsgarant gelernt habe. Entweder aus Loyalität, weil meine Familie arm war. Oder weil man einem nackten Mann nicht in die Tasche greifen kann.
Oder weil ich gelernt habe, dass ich nur Zuwendung bekomme, wenn ich „arm dran" bin. Oder dass andere sich wertvoll fühlen, wenn sie mich retten können und nur aus dem Grund bei mir bleiben. Und so weiter.
Affirmationen sind positive Masken für Konditionierungen. Und sie sind eine Reaktion auf Konditionierungen.
Daher werden sie das, was sie maskieren, gleichzeitig immer mit erhalten, da dies ursprünglich als eine Art Überlebensprogramm eingebucht wurde.

Das Mission Statement, wenn es denn gut erarbeitet ist, setzt sich zusammen aus Komponenten, die aus einem Ort jenseits bzw. unterhalb der Konditionierungen kommen und damit von diesen nicht betroffen sind, aber möglicherweise nie gesehen, erkannt und damit sichtbar wurden.

4) *Werde ich denn, wenn ich meine Mission gefunden habe, nicht zwangsläufig zum Aussteiger oder Weltverbesserer|Bäume-Umarmer?*

LH: Nicht zwangsläufig. Mich hat meine Wahrheitssuche tatsächlich recht weit aus der Gesellschaft herausgetragen und der Weg zurück war manchmal ein wenig mühsam, schmerzhaft und anstrengend.
Gleichwohl hat es etwas wirklich Gutes, sich zeitweise auf „Entzug" zu begeben, was äußere Reize, Verpflichtungen und routinierte Abläufe anbelangt, um eine Weile auf das zu lauschen, was aus dem eigenen Inneren kommt und sich damit zu verbinden.
Aber wie heißt es so schön in dem Zen-Spruch, den ich als Einleitung des zweiten Kapitels zitiere: *Vor der Erleuchtung: Wasser holen, Holz hacken, nach der Erleuchtung: Wasser holen, Holz hacken.*

Was nützen alle geistigen Errungenschaften, wenn sie sich nicht im Dienst und Schönheit für unseren Planeten ausdrücken?

Menschen, die sich auf dieses Coaching eingelassen haben und noch in einem festen Job waren, haben diesen zu 70% verlassen und ihr eigenes Business begonnen.
Manche sind aber auch im Unternehmen geblieben und haben begonnen, die Kultur von innen zu wandeln mit großer Freude. Wie der Mann, William, der für sich dieses Statement gefunden hatte:

„Mein Leben *On Mission* ist ein Leben aus leidenschaftlicher Führung, Inspiration und Pioniergeist in einer Welt des schöpferischen und unterstützenden Miteinanders."

Er war zu Beginn des Coachings Managing Director einer deutschen Niederlassung eines amerikanischen Grosskonzerns. Der Druck wuchs, er gab ihn einfach weiter, unter ihm gab es viel Mobbing und seine Ehe war mehr oder weniger abgestorben, erstarrt in Ritualen und Nichtangriffspakten. Er trank sich jeden Abend in den Schlaf mit gutem Rotwein, hatte beginnende Diabetes, viel zu hohen Blutdruck und kein gutes, bzw. gar kein Körpergefühl.

Innerhalb der nächsten zweieinhalb Jahre baute er seine gesamte Firma um. Es gab offene und bewegliche Arbeitsplätze, niemand hatte mehr „sein" Büro. Seine Mitarbeiter gestalteten ihre Arbeit eigenverantwortlicher, manche gingen, es kamen neue hinzu, der Frauenanteil wurde größer.
Er begann Kunst und Kunstprojekte in die Firma zu integrieren, verwandelte alles Graue in Bunt, organisierte ungewöhnliche Weiterbildungen und lud inspirierende Persönlichkeiten ein, um seine Belegschaft anzuregen.
Nach einigen Schwierigkeiten, vor allem mit dem Mutterkonzern, behielt er recht, es taten sich neue Geschäftsfelder auf, der Umsatz stieg und die Menschen, die mit ihm arbeiteten, waren allesamt ziemlich glücklich. Seine Ehe zog nach, er bekam seine Gesundheit in den Griff, Sport wurde zu einer schönen neuen Gemeinsamkeit für beide und er ist heute zu hundert Prozent überzeugt, als „bunter Vogel" am richtigen Platz zu sein.

Manchmal ist es also Ausstieg, manchmal eben auch nicht.
Mit diesem Coaching-Programm und seinen Werkzeugen möchte ich einem Menschen genaugenommen einen Immer-Wieder-Ausstieg mit gleichzeitigem Vollkontakt zur Wirklichkeit ermöglichen.
Also weiterhin Teil der Welt zu sein und auch zu bleiben, mit wachsenden inneren Aufenthaltsorten, die nicht ganz von dieser Welt sind, die ihn oder sie aber deutlich spüren lassen, wer er oder sie wirklich ist und was er und sie zu sagen und zu geben hat.

Ganz davon abgesehen: Wer wirklich richtig aussteigt, also auf eine Insel geht, in eine Sangha zieht, eine eigene Gemeinschaft gründet, die so ganz anders funktionieren soll, als alles bisher Vorgefundene, nimmt alle Konditionierungen mit, sowie die Widerstände gegen diese Wirklichkeit und wird erfahrungsgemäß dort umso härter von ihr und ihnen eingeholt. Das heißt alle „Weg vons" und „Dagegens" finden sich umso stärker in der neuen Lebensform ein, oft zum großen Unverständnis der Beteiligten (Siehe Grafik Seite 27. Eine Quelle enormer Frustration für alle Beteiligten.

Es kann nach dem Entdecken der eigenen Mission den Impuls geben, alles hinzuwerfen, ja, und manchmal ist es gut, ihm nachzugeben.
Nach einer Weile gibt es aber einen deutlichen und ganz natürlichen inneren Wunsch, wieder eine neue und fruchtbare Normalität gestalten zu können.
Diesen Punkt nicht zu verpassen, zu verschleppen oder zu ignorieren, erscheint mir persönlich der wichtigere zu sein. Hier beginnt nämlich die Kongruenz: Ein Leben, das radikal widerspiegelt, wer Sie sind. Ohne Kompromisse, gleich, ob das Kleidung, Behausung, beruflichen Ausdruck, Kreativität, Gelderwerb oder Beziehungsgestaltung betrifft.

5) Also wenn ich dir so zuhöre, klingt das ja fast so, als wäre kein Geld zu haben oder zu wollen besser für die eigene Mission? Kann ich denn nicht mehr Gutes tun mit Geld?

LH: Ganz sicher.
Und es gibt eine langjährige Konditionierung seitens der Kirchen, Armut mit Himmelreich gleichzusetzen, um mögliche Aufstände unter den „Nichthabenden" unter Kontrolle zu bringen.
Diese Konditionierung gilt es auf jeden Fall, sich bewusst zu machen, und abzulegen!
Mir geht es mehr um die Art, *wie* das Geld generiert wird.
Hat jemand sein oder ihr Business in Immobilien oder Pharma, beispielsweise, wird er oder sie sicherlich vieles über unlautere Geschäftspraktiken lernen, Machtstrukturen, Gier, aggressive Vorgehensweisen, Filz, Sumpf, Konkurrenzkampf mit harten Bandagen, hohe Verluste und hohe Gewinne erleben und dergleichen mehr. Auch daran kann man sich gewöhnen, auch das ist ein Wasser, in dem ein Mensch schwimmen lernen kann, ohne zu merken, dass das Wasser abfärbt. Daraus generiert sich mit der Zeit ein meist zynisches Weltbild und ein Konkurrenzbewusstsein, das sich natürlich auch in die ganz privaten Beziehungen übersetzt.
All das, auch wenn unterwegs so etwas wie ein „sportlicher Ehrgeiz" oder ein gewisser Jagdinstinkt stimuliert und befriedigt werden mag - bringt weder Sinn noch Erfüllung, im Gegenteil: Es „frisst" beides. Jeder, der das eine Weile mitgemacht hat, wird in den wenigen intimen, ehrlichen Minuten mit sich selbst genau spüren, dass ein solches Leben ganz und gar nicht befriedigt, da er oder sie keinen echten Wert hinzufügt, Menschen sogar schadet und proaktiver oder tolerierender Teil von absichtsvollem Betrug ist. So etwas kann sich nicht gut anfühlen. Wer das beibehält, wird stark kompensieren müssen und so entsteht ein Teufelskreis, der sicherlich eines zur Folge hat: Nicht allzu viel und nicht zu tief fühlen.
Das nenne ich persönlich ein nicht gut genutztes menschliches Leben.
Daher ist meine deutliche Empfehlung, den Anziehungen des Herzens, der Sehnsucht, der Lebensfreude, der Betroffenheit zu folgen, direkt und unmittelbar.

Wenn sich daraus ein tragfähiges Business ergibt und damit ein Mensch ein Millionenvermögen generiert, finde ich das wundervoll!
Denn er ist ein wandelndes Beispiel dafür, dass es eben nicht nur auf der einen Seite blauäugige, arme Idealisten gibt und auf der anderen Seite reiche, herzlose Räuber.
Sondern dass es möglich ist, Leidenschaft, Liebe, Hingabe, Werte und Berührbarkeit mit finanziellem Reichtum zu verbinden. Großartig!
Der Weg muss zum Ziel passen.
Der Weg zum großen Geld sollte also unbedingt aus unmittelbare täglicher Erfüllung bestehen, sonst führt er direkt in die innere Leere.

6) Was, wenn ich die falsche Mission finde oder mir etwas einbilde? Habe ich mich denn dann nicht noch mehr „verlaufen", als wenn ich gar nicht aufgebrochen wäre?

LH: Diese Frage setzt voraus, dass es nur eine richtige und viele falsche Missionen gibt.
Es gibt aber nur Ihre Mission.

Mir scheint, sie kommt sehr aus dem kulturellen Verständnis: Etwas, was ein Mensch tut oder hat, ist seine Mission. Da draußen. Der eine Job, das eine Business, das eine „Ding".
Wenn es im Tun-Bereich nur eine einzige Mission gibt, wird das ganz schön eng. Wenn es im *Seins*-Bereich nur eine Einzige gibt - Ihre nämlich, wird es sehr weit. Denn sie kann sich in 30 verschiedenen Projekten ausdrücken, die alle von dieser Farbe und Frequenz gespeist sind, ohne dass sie inhaltlich miteinander zu tun haben müssen.

Sie kann sich ausdrücken im: Führen einer eigene Bäckerei, leiten eines Creative Writing Kurses und schreiben, leben auf einem Tierschutzhof, teilnehmen an einem Entwickler-Wettbewerb für geräuschlose Laubbläser mit Elektromotor und Bass spielen in einer 20er-Jahre-Band. Oder: Mutter sein, aktiv in einem Urban Gardening Projekt teilnehmen, besondere heilige Göttinnenfigürchen aus Treibgut, Naturfunden und abgetragener Kinderkleidung machen und sie in alle Welt verschicken und eine ganz einfache Buchhaltungssoftware für Einzelunternehmerinnen im Home Office mitentwickeln, vertreiben und ein Netzwerk dazu aufbauen.

Es geht hier weniger darum, was genau ein Missioneer, eine Missionista *macht*, sondern mehr darum, in jedes „Vehikel" (z.B. Job, Business-Modell, Projekt, Verein, Tätigkeit und Beziehungskonstrukt) soviel wie möglich vom eigenen Mission-Kontext einfließen zu lassen. Natürlich gibt es passendere „Vehikel" oder Handschuhe, mit und in denen es flüssiger geht und in denen sich gleich mehrere Aspekte des Mission-Statements abbilden lassen.
Jeder Missioneer, jede Missionista definiert für sich ein Ultimatives Projekt, das ist sozusagen der absolute Höhepunkt und der ideale Ausdruck für seine oder ihre Mission.
Auf dem Weg dorthin kann es viele Kurven, Sackgassen und Schlenker geben und durchaus zwei, drei andere Projekte, bis es soweit ist. Das ist kein „Verlaufen", sondern ein Dem-Leben-Folgen, das mit seiner ganz eigenen Intelligenz zum Tanz einlädt. In jeder Kurve, in jedem Schlenker ist etwas zu holen, zu lernen, zu entdecken und zu integrieren.
Auf dem eigenen Weg gibt es kein Verlaufen!

In diesem Sinne wünsche ich Ihnen von Herzen ein zutiefst erfüllendes Leben und die Courage, zu ändern, was dafür nötig ist!

Anhang

Credits, Quellenangaben, Bibliographie und Bildnachweise

Covergestaltung: Uwe Eger, http://derflieger.com/
Lektorat: Ruth Rahel Wili
Layout: Klaus Fliege http://f2-design.de
Klappentext: Julia Rupprecht-Hein
An dieser Stelle ein herzliches Dankeschön!

Zitate, Quellenangaben und Fußnoten
Mir ist es wichtig, Zitate so korrekt wie möglich zu belegen. Das kann dazu führen, dass zugeschriebene Zitate widerlegt werden.
1) Mahatma Gandhi- Mohandas Karamchand Gandhi (* 2. Oktober 1869 in Porbandar, Gujarat; † 30. Januar 1948 in Neu-Delhi, Delhi) war ein indischer Rechtsanwalt, Widerstandskämpfer, Revolutionär, Publizist, Morallehrer, Asket und Pazifist.
Zu Beginn des 20. Jahrhunderts setzte sich Gandhi in Südafrika gegen die Rassentrennung und für die Gleichberechtigung der Inder ein. Danach entwickelte er sich ab Ende der 1910er Jahre in Indien zum politischen und geistigen Anführer der indischen Unabhängigkeitsbewegung. Gandhi forderte die Menschenrechte für Unberührbare und Frauen, er trat für die Versöhnung zwischen Hindus und Moslems ein, kämpfte gegen die koloniale Ausbeutung und für ein neues, autarkes, von der bäuerlichen Lebensweise geprägtes Wirtschaftssystem. Die Unabhängigkeitsbewegung führte mit gewaltfreiem Widerstand, zivilem Ungehorsam und Hungerstreiks schließlich das Ende der britischen Kolonialherrschaft über Indien herbei (1947), verbunden mit der Teilung Indiens. Ein halbes Jahr danach fiel Gandhi einem Attentat zum Opfer.
Das Zitat ist nicht wirklich verbrieft und tauchte zum ersten Mal bei seinem Enkel Arun auf, selbst ein gewaltfreier Aktivist und zwar in seinen Erinnerungen an seinen Großvater und in einem Interview von Camilla Hahn: https://reclaimingjournal.com/sites/default/files/journal-article-pdfs/10_1_Bhahn.pdf, sowie in einem nicht auffindbaren Interview in der Zeitung India West geführt durch Michael W. Potts.

2) Albert Einstein (* 14. März 1879 in Ulm; † 18. April 1955 in Princeton, New Jersey) war ein theoretischer Physiker. Seine Forschungen zur Struktur von Materie, Raum und Zeit sowie vom Wesen der Gravitation veränderten maßgeblich das physikalische Weltbild. Er gilt daher als einer der bedeutendsten Physiker aller Zeiten.
Einsteins Hauptwerk, die Relativitätstheorie, machte ihn weltberühmt. Im Jahr 1905 erschien seine Arbeit mit dem Titel Zur Elektrodynamik bewegter Körper, deren Inhalt heute als spezielle Relativitätstheorie bezeichnet wird. 1915 publizierte Einstein die allgemeine Relativitätstheorie. Auch zur Quantenphysik leistete er wesentliche Beiträge. „Für seine Verdienste um die theoretische Physik, besonders für seine Entdeckung des Gesetzes des photoelektrischen Effekts" erhielt er den Nobelpreis des Jahres 1921, welcher ihm 1922 überreicht wurde. Seine theoretischen Arbeiten spielten – im Gegensatz zur verbreiteten Meinung – beim Bau der Atombombe und der Entwicklung der Kernenergie nur eine indirekte Rolle.
Albert Einstein gilt als Inbegriff des Forschers und Genies. Er nutzte seine außerordentliche Bekanntheit auch außerhalb der naturwissenschaftlichen Fachwelt bei seinem Einsatz für Völkerverständigung und Frieden. In diesem Zusammenhang verstand er sich selbst als Pazifist, Sozialist und Zionist.
Im Laufe seines Lebens war Einstein Staatsbürger mehrerer Länder: Durch Geburt besaß er die württembergische Staatsbürgerschaft. Von 1896 bis 1901 staatenlos, danach Staatsbürger der Schweiz, war er 1911/12 auch Bürger Österreich-Ungarns. Von 1914 bis 1932 lebte Einstein in Berlin und war als Bürger Preußens erneut Staatsangehöriger im Deutschen Reich. Mit der „Machtergreifung" Hitlers gab er 1933 den deutschen Pass endgültig ab. Zu seinem seit 1901 geltenden Schweizer Bürgerrecht kam ab 1940 noch die US-Staatsbürgerschaft. Quelle: Wikipedia: https://de.wikipedia.org/wiki/Albert_Einstein
Zitat: „Self Portrait", veröffentlicht „Out of my later years", 1950
3) Commitment- Verbindliches Engagement, verbindliche Selbstverpflichtung, sich mit Herz *und* Verstand verantwortlich fühlen, einlassen ohne Hintertüre. Mit beiden Füßen, Haut und Haaren in etwas hineinspringen.
4) George Bernard Shaw: (* 26. Juli 1856 in Dublin, Irland; † 2. November 1950 in Ayot Saint Lawrence, England) war ein irischer Dramatiker, Politiker, Satiriker,

Musikkritiker und Pazifist, der 1925 den Nobelpreis für Literatur und 1939 den Oscar für das beste adaptierte Drehbuch erhielt. Wikipedia. https://de.wikipedia.org/wiki/George_Bernard_Shaw
Zitat aus „The Intelligent Woman's Guide to Socialism and Capitalism", 1928. Kapitel 14

5) Chuck Spezzano ist weltweit trainierender Beziehungslehrer und Mitbegründer der Psychologie der Vision. http://www.psychologyofvision.com/ Er und seine Frau Lency waren etwa 5 Jahre lang meine Lehrer. Er wollte zunächst Priester werden, gab diese Idee aber nach dreieinhalb Jahren im Orden auf. Stattdessen erwarb er einen Master in Soziologie und einen Doktortitel in Psychologischer Beratung in San Diego. Beruflich spezialisierte er sich auf Familientherapie und kurzfristige Krisenintervention. Zu diesen Themen hat Spezzano mittlerweile mehr als 40 Bücher geschrieben, in denen er erklärt, wie jedes Problem gelöst werden kann, wenn die Kraft des Geistes zur Herbeiführung von Veränderungen eingesetzt wird. Wenn er nicht mit seiner Frau in aller Welt auf Vortragsreisen unterwegs ist, lebt er mit ihr auf Hawaii. Die beiden Kinder stehen bereits auf eigenen Füßen. Das Zitat habe ich selbst von ihm gehört auf einem der Trainings, bei denen ich Teil des Teams war.

6) Die Bibel, Matthäus 7, 16

7) Bertrand Arthur William Russell, 3. Earl Russell (* 18. Mai 1872 Wales; † 2. Februar 1970 Wales) war ein britischer Philosoph, Mathematiker und Logiker. Er unterrichtete unter anderem am Trinity College der Universität Cambridge, der London School of Economics, der Harvard University und der Peking-Universität und war Mitglied der Cambridge Apostles. 1950 erhielt er den Nobelpreis für Literatur. Russell gilt als einer der Väter der Analytischen Philosophie. Er verfasste eine Vielzahl von Werken zu philosophischen, mathematischen und gesellschaftlichen Themen. Zusammen mit Alfred North Whitehead veröffentlichte er die Principia Mathematica, eines der bedeutendsten Werke des 20. Jahrhunderts über die Grundlagen der Mathematik. Russell war Atheist und Rationalist. Als weltweit bekannter Aktivist für Frieden und Abrüstung war er eine Leitfigur des Pazifismus, auch wenn er selbst kein strikter Pazifist war. Sozialistischen Ideen stand er grundsätzlich positiv gegenüber.
Zitat aus: Anleitungen zur Skepsis, Einleitung, Der Wert der Skepsis

8) Andreas Tenzer Geboren am 13.1.1954 in Oberbruch bei Aachen
Studium der Philosophie, Geschichte und Psychologie an der Universität Münster
Lehrtätigkeit als Studienrat an einem Gymnasium sowie als Dozent an der Universität Münster.
Seit 1983 eigene Praxis für ganzheitliches Leben in Köln mit den Schwerpunkten Pädagogik (www.konzentrationlernen.de) sowie Philosophie und Spiritualität (www.psp-tao.de und www.zitate-aphorismen.de)

9) Eckart Voland (* 1949 in Hann. Münden) ist ein deutscher Soziobiologe und Philosoph. Eckart Voland arbeitet am Zentrum für Philosophie und Grundlagen der Wissenschaft an der Universität Gießen. Er widmet sich insbesondere der Philosophie der Biowissenschaften, der Evolution sozialen Verhaltens, der Anthropologie und der Soziobiologie und ist auch Autor vom „Grundriss der Soziobiologie". Das genannte Zitat stammt aus einem Focus-Interview aus 2008

10) Marlon Brando, amerikanische Filmlegende 1924-2004 https://de.wikipedia.org/wiki/Marlon_Brando. Zitat: Nicht belegt, aber tausendfach wiederholt ihm zugeshcrieben.

11) Martin Luther King jr. (* 15. Januar 1929 in Atlanta, als Michael King jr.; † 4. April 1968 (ermordet) in Memphis, Tennessee) war ein US-amerikanischer Baptistenpastor und Bürgerrechtler. Er zählt zu den bedeutendsten Vertretern des Kampfes gegen soziale Unterdrückung und Rassismus. Quelle Wikipedia https://de.wikipedia.org/wiki/Martin_Luther_King
Zitat konnte ich nicht im Original belegen.

12) Emil Erich Kästner (* 23. Februar 1899 in Dresden; † 29. Juli 1974 in München) war ein deutscher Schriftsteller, Publizist, Drehbuchautor und Verfasser von Texten für das Kabarett. Bekannt machten ihn vor allem seine Kinderbücher wie **Emil und die Detektive, Das doppelte Lottchen** und **Das fliegende Klassenzimmer** sowie seine humoristischen und zeitkritischen Gedichte. Quelle Wikipedia: https://de.wikipedia.org/wiki/Erich_K%C3%A4stner
Zitat: Vom Kleinmaleins des Lebens, „ Als ich ein kleiner Junge war". 1957

13) Avatar, Film von James Cameron, 2009; http://www.avatar-derfilm.de/

14. 1) Nelson Rolihlahla Mandela (* 18. Juli 1918 in Mvezo, Transkei; † 5. Dezember 2013 in Johannesburg), in Südafrika häufig mit dem traditionellen Clannamen Madiba bezeichnet, oft auch Tata genannt (isiXhosa für Vater),

Initiationsname Dalibunga,[2] war ein führender südafrikanischer Aktivist und Politiker im Jahrzehnte andauernden Widerstand gegen die Apartheid, sowie von 1994 bis 1999 der erste schwarze Präsident seines Landes. Ab 1944 hatte er sich im African National Congress (ANC) engagiert. Aufgrund seiner Aktivitäten gegen die Apartheidspolitik in seiner Heimat musste Mandela von 1963 bis 1990 27 Jahre als politischer Gefangener in Haft verbringen.
Neben Mahatma Gandhi und Martin Luther King gilt er als einer der im 20. Jahrhundert international herausragenden Vertreter im Kampf für Freiheit, gegen Rassentrennung, Unterdrückung und soziale Ungerechtigkeit. Mandela war der wichtigste Wegbereiter des versöhnlichen Übergangs von der Apartheid zu einem gleichheitsorientierten, demokratischen Staatswesen in Südafrika. 1993 erhielt er deshalb den Friedensnobelpreis. Bereits zu Lebzeiten wurde er für viele Menschen weltweit zum politischen und moralischen Vorbild.
Quelle: Wikipedia. https://de.wikipedia.org/wiki/Nelson_Mandela
14.2) Desmond Mpilo Tutu (* 7. Oktober 1931 in Klerksdorp, Südafrika) ist ein ehemaliger anglikanischer Erzbischof sowie Friedensnobelpreisträger.
Desmond Tutu war eine Schlüsselfiguren bei der Überwindung des rassistischen Apartheidregimes in Südafrika in der Geschichte des 20. Jahrhunderts. Die von ihm unermüdlich geforderten internationalen Sanktionen gegen Südafrika haben wesentlich dazu beigetragen, das Unrechtsregime in die Knie zu zwingen. Auch nach der Überwindung der Apartheid spielte und spielt Erzbischof Tutu eine wesentliche Rolle bei dem mühsamen Prozess der Vergangenheitsbewältigung und Versöhnung in seinem Land. 1984 wurde ihm der Friedensnobelpreis verliehen.

14.3) Vandana Shiva (Hindi: ? Vandan iv , ; * 5. November 1952 in Dehradun) ist eine indische Wissenschaftlerin und soziale Aktivistin. Für ihr Engagement in den Bereichen Umweltschutz, biologische Vielfalt, Frauenrechte und Nachhaltigkeit wurde sie mehrfach ausgezeichnet. Ihr wurde 1993 der Right Livelihood Award – inoffiziell auch alternativer Nobelpreis genannt – verliehen, weil sie die Themen Frauen und Ökologie in den Mittelpunkt des Diskurses um moderne Entwicklungspolitik gestellt hat. Sie ist unter anderem Mitglied des Club of Rome und der Internationalen Organisation für eine Partizipatorische Gesellschaft (IOPS). Quelle: Wikipedia https://de.wikipedia.org/wiki/Vandana Shiva

14.4) Wangari Muta Maathai (* 1. April 1940 im Nyeri District, im Abschnitt Tetu im Dorf Ihithe; † 25. September 2011 in Nairobi) war eine kenianische Professorin, Wissenschaftlerin, Politikerin und seit 2002 stellvertretende Ministerin für Umweltschutz.

Im Jahr 2004 erhielt die Umweltaktivistin, die in zielstrebiger Förderung von afrikanischer Frauenpolitik die beste Vorbeugung gegen Wasser- und andere Umweltschäden sah, als erste afrikanische Frau den Friedensnobelpreis. Quelle: Wikipedia: https://de.wikipedia.org/wiki/Wangari_Maathai

14.5) Julia Lorraine „Butterfly" Hill (* 18. Februar 1974 in Mount Vernon, Missouri) ist eine US-amerikanische Umweltaktivistin.

Hill bestieg am 10. Dezember 1997 einen kalifornischen Küstenmammutbaum und lebte dort für 738 Tage, um ihn vor dem Abholzen durch die Firma Pacific Lumber zu beschützen.

15) Martin Luther King I have a dream: http://www.srf.ch/kultur/im-fokus/der-archivar/i-have-a-dream-die-rede-die-ganz-anders-geplant-war

16) http://www.die-bibel.de/online-bibeln/luther-bibel-1984/bibeltext/bibelstelle/1+Korinther+13,13/

17) Mehr originale Mission Statements finden Sie hier: http://life-on-mission.com/2013/03/mission-statement-beispiele/

18) Lester R. Brown: Plan B, So retten wir unsere Welt , Kai Romilius Verlag 2010, „Jeder von uns kann etwas tun", Seite 294

19) Charles Dickens. Englischer Schriftsteller, 1812-1870 https://de.wikipedia.org/wiki/Charles_Dickens

Zitat: Einleitung zu: Eine Geschichte aus zwei Städten, 1859

20) http://www.welt.de/wissenschaft/article132728527/Die-German-Angst-steckt-tief-in-unseren-Genen.html

21) Richard Buckminster Fuller (oft abgekürzt zu R. Buckminster Fuller, auch Bucky Fuller genannt; * 12. Juli 1895 in Milton, Massachusetts; † 1. Juli 1983 in Los Angeles) war ein US-amerikanischer Architekt, Konstrukteur, Visionär, Designer, Philosoph und Schriftsteller.

Quelle: Wikipedia: https://de.wikipedia.org/wiki/Richard_Buckminster_Fuller

Zitat konnte ich bisher leider nicht original belegen, auch wenn es ihm im Netz vielfach zugeschrieben wird. Ich habe es selbst zum ersten Mal auf einem Seminar von T.Harv Eker gesehen.

22) Trickle-Down-Prinzip: Eine Idee ursprünglich aus dem Bereich der Wirtschaftswissenschaften, dass der Reichtum des Grosskapitals, so er investiert wird in Luxus- und andere Güter, auch langsam zu den unteren Bevölkerungsschichten durchsickern wird. Ursprünglich Adam Smith zugeschrieben: „Es ist die große Vermehrung der Produktion in allen möglichen Sparten als Folge der Arbeitsteilung, die in einer gut regierten Gesellschaft jenen universellen Reichtum verursacht, der sich bis zu den niedrigsten Bevölkerungsständen verbreitet."
– Adam Smith: Wealth of Nation
Sie wurde auch bekannt unter dem Namen Pferd und Spatz- oder Pferdeäpfel-Theorie: „Wenn man einem Pferd genug Hafer gibt, wird auch etwas auf die Straße durchkommen, um die Spatzen zu füttern" „If you feed the horses enough oats, some will pass through to the road for the sparrows", zitiert nach Richard S. Gilbert: How much do we deserve?: an inquiry into distributive justice. Ausgabe 2, Unitarian Universalist Association of Congregations, 2001, ISBN 1558964169, S. 167.
23) Tom Waits: Thomas Alan „Tom" Waits (* 7. Dezember 1949 in Pomona, Kalifornien) ist ein US-amerikanischer Sänger, Komponist, Schauspieler und Autor. In seiner Musik verbindet Waits Einflüsse aus klassischen amerikanischen Genres wie Blues, Rhythm and Blues, Jazz, Folk und die Songwriter mit Aspekten des Vaudeville und der Theatermusik. Später nahm Waits auch Einflüsse aus Avantgarde-Jazz, Rap oder Industrial Rock mit auf. Seine Musik wird gelegentlich auch dem Alternative Rock oder Indie-Rock zugerechnet. Waits, der sich konsequent den Hörerwartungen eines breiten Publikums verweigert, trägt seine durch die Beat Generation beeinflussten Geschichten grummelnd und knurrend mit seiner charakteristischen, rauen Stimme vor.
Zitat: „Reapers and weepers". Metromix Chicago: Greg Kot. August 1999)
24) Ödön von Horvath, Edmund Josef von Horváth (bekannt als Ödön von Horváth; * 9. Dezember 1901 in Sušak, Nachbarort von Fiume, Österreich-Ungarn, heute ein Stadtteil von Rijeka; † 1. Juni 1938 in Paris) war ein auf Deutsch schreibender österreichisch-ungarischer Schriftsteller ungarischer Staatsbürgerschaft: Er selbst sagte: Meine Muttersprache ist die deutsche. Bekannt wurde er unter anderem durch seine Stücke *Geschichten aus dem*

Wiener Wald, Glaube Liebe Hoffnung und *Kasimir und Karoline* sowie durch seine zeitkritischen Romane *Der ewige Spießer, Jugend ohne Gott* und *Ein Kind unserer Zeit*.
Zitat aus: *Zur schönen Aussicht*.
25) Seite 46 Jean Ziegler (* 19. April 1934 als Hans Ziegler in Thun) ist ein Schweizer Soziologe, Politiker und Sachbuch- und Romanautor. Er gilt als einer der bekanntesten Globalisierungskritiker. Von 1967 bis zu seiner Abwahl 1983 und erneut von 1987 bis 1999 war er Genfer Abgeordneter im Nationalrat für die Sozialdemokratische Partei.
Von 2000 bis 2008 war er UN-Sonderberichterstatter für das Recht auf Nahrung – zuerst im Auftrag der Menschenrechtskommission, dann des Menschenrechtsrats – sowie Mitglied der UN-Task Force für humanitäre Hilfe im Irak. 2008 bis 2012 gehörte Ziegler dem Beratenden Ausschuss des Menschenrechtsrats der UN an, im September 2013 wurde er erneut in dieses Gremium gewählt. Er ist ausserdem im Beirat der Bürger- und Menschenrechtsorganisation Business Crime Control.
Quelle: Wikipedia https://de.wikipedia.org/wiki/Jean_Ziegler
26) *Seite 47:* Ökologischer Fußabdruck, was ist das? https://www.nachhaltigkeit.info/artikel/kologischer_fussabdruck_733.htm
27) Theodor W. Adorno, *11. September 1903 in Frankfurt am Main; † 6. August 1969 in Visp, Schweiz; eigentlich Theodor Ludwig Wiesengrund) war ein deutscher Philosoph, Soziologe, Musiktheoretiker und Komponist. Neben Max Horkheimer zählt er zu den Hauptvertretern der als Kritische Theorie bezeichneten Denkrichtung, die auch unter dem Namen Frankfurter Schule bekannt wurde.
Quelle: Wikipedia: https://de.wikipedia.org/wiki/Theodor_W._Adorno
Zitat aus *Minima Moralia*
28) Albert Schweitzer; Ludwig Philipp Albert Schweitzer (* 14. Januar 1875 in Kaysersberg im Oberelsass bei Colmar; † 4. September 1965 in Lambaréné, Gabun) war ein deutsch-französischer Arzt, evangelischer Theologe, Organist, Philosoph und Pazifist. Schweitzer gründete ein Krankenhaus in Lambaréné im zentralafrikanischen Gabun. Er veröffentlichte theologische und philosophische Schriften, Arbeiten zu Musik, insbesondere zu Johann Sebastian Bach, sowie autobiographische Schriften in zahlreichen und vielbeachteten Werken.

1953 wurde ihm der Friedensnobelpreis für das Jahr 1952 zuerkannt, den er 1954 entgegennahm.
Quelle: Wikipedia https://de.wikipedia.org/wiki/Albert_Schweitzer
Zitat aus *Kulturphilosophie*, 1923
29) Quelle: Aktiv gegen Kinderarbeit: http://www.aktiv-gegen-kinderarbeit. de/2012/03/versprechen-aus-watte-hm-primark-und-ca-in-der-kritik/
30) Mark Aurel (* 26. April 121 in Rom; † 17. März 180 in Vindobona oder eventuell Sirmium), auch Marc Aurel oder Marcus Aurelius, war von 161 bis 180 römischer Kaiser und als Philosoph der letzte bedeutende Vertreter der jüngeren Stoa. Mit seiner Regierungszeit endete in mancherlei Hinsicht eine Phase innerer und äußerer Stabilität und Prosperität für das Römische Reich, die Ära der sogenannten Adoptivkaiser.
Quelle: Wikipedia: https://de.wikipedia.org/wiki/Mark_Aurel
Zitat aus: Selbstbetrachtungen V, 16 (nach Übersetzung von Albert Wittstock)
31) James Douglas „Jim" Morrison (* 8. Dezember 1943 in Melbourne, Florida; † 3. Juli 1971 in Paris) war ein US-amerikanischer Sänger, Songwriter und Lyriker. Er war der Frontmann der Rockgruppe The Doors, deren Liedtexte überwiegend von ihm stammten.
Jim Morrison gilt als Rockmusiker, der die Fantasien, Visionen, Ängste und die Selbstdestruktivität der Generation der späten 1960er Jahre artikulierte und exemplarisch auslebte. Er zählt zu den charismatischsten Persönlichkeiten der Rockmusik dieser Zeit. Gemeinsam mit den Doors erweiterte er das Repertoire der Rockmusik um mehrschichtige Konzeptstücke und Formen des Rocktheaters. Morrison, von dem zu Lebzeiten drei Gedichtbände veröffentlicht wurden, nutzte die Doors-Konzerte regelmäßig für spontane Rezitationen poetischer Texte. Er produzierte einen Dokumentarfilm über die Doors sowie einen experimentellen Spielfilm.
Obwohl Morrison sich durch seinen Rock-Bariton und poetische Songtexte einen Namen gemacht hat, wurde er in späteren Jahren meist mit einem aufrührerischen und selbstzerstörerischen Lebensstil assoziiert. Der frühe Tod Morrisons, dessen nähere Umstände nicht mit Sicherheit geklärt werden konnten, trug erheblich zur Legendenbildung um seine Person bei.

Zitat aus Wilderness, 2008

32) Abraham Harold Maslow (* 1. April 1908 in Brooklyn, New York City; † 8. Juni 1970 in Menlo Park, Kalifornien) war ein US-amerikanischer Psychologe. Er gilt als ein Gründervater der Humanistischen Psychologie.

Die Maslowsche Bedürfnishierarchie, bekannt als Bedürfnispyramide, ist eine sozialpsychologische Theorie des US-amerikanischen Psychologen Abraham Maslow. Sie beschreibt menschliche Bedürfnisse und Motivationen (in einer hierarchischen Struktur) und versucht, diese zu erklären.

Maslow gilt als der wichtigste Gründervater der humanistischen Psychologie, in der eine Psychologie seelischer Gesundheit angestrebt und die menschliche Selbstverwirklichung im Rahmen eines ganzheitlichen Konzepts untersucht wird, wobei er sich gegen die Verabsolutierung quantifizierender Modelle und Methoden in der Psychologie wandte. Sein Gesamtwerk war wesentlich weitreichender als das hier dargestellte Modell, obwohl diese einfache Darstellung ihn sehr bekannt gemacht hat.

Als psychologische Theorie begründet, fand Maslows Bedürfnishierarchie Eingang in andere Wissenschaften. Das Thema „menschliche Bedürfnisse" kann fachübergreifend in den Sozialwissenschaften, in Katholischer und Evangelischer Religionslehre oder im Bereich Philosophie behandelt werden. Insbesondere wurde die Theorie in den Wirtschaftswissenschaften populär bzw. an den Schnittstellen von Wirtschaft und Psychologie (siehe auch Wirtschaftspsychologie). Hier untersuchen u. a. die Verkaufspsychologie oder das Marketing das Kaufverhalten von Personen.

Quelle: Wikipedia: https://de.wikipedia.org/wiki/Abraham_Maslow ; https://de.wikipedia.org/wiki/Maslowsche_Bed%C3%BCrfnishierarchie

33) Fred Kelly, (1882-1959), amerikanischer Autor

Fred Charters Kelly (1882-1959) was an American humorist, newspaperman, columnist and author.

Kelly was born in 1882 in Xenia, Ohio and studied at the University of Michigan (1900-1902). He began his newspaper career in 1896 as a local correspondent for a small town newspaper and wrote a humor column for The Plain Dealer (Cleveland, Ohio) for five years. His „Statesmen, Real and Near" column (1910-1918) was the first Washington, D.C. news column to be syndicated. During World War I, Kelly served briefly as special agent for the Federal Bureau of Investigation. After the war Kelly bought and operated a farm in Peninsula, Ohio where he

continued to support himself as a free-lance writer. In addition to his journalistic work, he was the official biographer of the Wright brothers, and worked to bring the original 1903 Wright Flyer home to the U.S. from the Science Museum in London, to which Orville Wright lent it during his long feud with the Smithsonian Institution over credit for the first flight.
Zitat aus: Why you win or lose, the pysychology of speculation, 1930, Chapter 1
34) Albert Einstein, siehe Zitat 2. Zitat lässt sich nicht konkret belegen, auch wenn es ihm zugesprochen wird als Anmerkung zur Wirtschaftskrise 1929
35) Bronnie Ware (* 15. Februar 1967[1]) ist eine australische Buchautorin und Songwriterin. Ware arbeitete als Krankenschwester auf der Palliativstation eines Krankenhauses. Ihre Erfahrungen aus der Betreuung todkranker Menschen hielt sie in ihrem Blog Inspiration and Chai fest. Der dort veröffentlichte Artikel The Top Five Regrets of the Dying wurde vielfach verbreitet und erreichte innerhalb eines Jahres mehr als drei Millionen Leser. Im Jahr 2011 erschien ihr Sachbuch Top Five Regrets of the Dying beim Verlag Hay House. Das Buch entwickelte sich zu einem Bestseller und wurde in 27 Sprachen übersetzt. Die deutsche Übersetzung erschien im März 2013 unter dem Titel 5 Dinge, die Sterbende am meisten bereuen.
Quelle: Wikipedia: https://de.wikipedia.org/wiki/Bronnie_Ware
36) Wer ist Fabian Sixtus Körner? http://www.fabsn.com/theblog/
37) Burn Out:
Burn out oder Burn out-Syndrom, engl. burn out ‚ausbrennen') beschreibt einen Zustand extremer emotionaler Erschöpfung mit reduzierter Leistungsfähigkeit
Er tauchte als Begriff zum ersten Mal zu Beginn der 1970er-Jahre auf, geprägt von Herbert J. Freudenberger, eine Psychoanalytiker aus New York. Dieser stellte zunächst bei sich selbst fest, dass ihn sein Beruf, der ihm vormals Freude bereitet hatte, nur noch ermüdete und frustrierte. Ihm war zudem aufgefallen, dass viele seiner Kolleginnen und Kollegen missmutiger und zynischer wurden und ihre Patienten zunehmend lieblos und abweisend behandelten. Freudenberger nahm daraufhin auch Menschen aus anderen Berufsgruppen unter die Lupe, um festzustellen, dass auch in diesen Menschen mit denselben Probleme zu tun hatten: Stimmungsschwankungen, Niedergeschlagenheit, Konzentrationsschwächen, nicht selten in Kombination mit körperlichen Symptomen wie Rückenschmerzen oder Verdauungsproblemen. Freudenberger

definierte das Burnout-Syndrom daraufhin als einen Zustand erschöpfter physischer und mentaler Ressourcen, der mit dem Arbeitsleben in ursächlichem Zusammenhang steht.

Burn Out kann als Endzustand einer Entwicklungslinie bezeichnet werden, die mit idealistischer Begeisterung beginnt und über frustrierende Erlebnisse zu Desillusionierung und Apathie, psychosomatischen Erkrankungen und Depression oder Aggressivität und einer erhöhten Suchtgefährdung führt. Burnout ist wissenschaftlich nicht als Krankheit anerkannt, sondern gilt im ICD-10 als ein Problem der Lebensbewältigung. Es handelt sich um eine körperliche, emotionale und geistige Erschöpfung aufgrund beruflicher oder anderweitiger Überlastung. Diese wird meist durch langanhaltenden Stress ausgelöst, der wegen der verminderten Belastbarkeit nicht bewältigt werden kann. Quellen: Wikipedia, Deutsches Ärzteblatt

Seit dem Jahrtausendwechsel hat die Diagnose inkl. massiver Arbeitsausfälle rapide zugenommen:

http://www.my-burnout-coach.com/statistiken

Mehr zum Thema: Online-Lexikon für Psychologie und Pädagogik:

http://lexikon.stangl.eu/379/burnout/

Bore Out:

Der Boreout ist das Gegenteil des Burnout. Er besteht aus den folgenden Elementen:

Unterforderung: Sie beschreibt das Gefühl, mehr leisten zu können, was von einem gefordert wird

Langeweile: Hier geht es um Lustlosigkeit und Ratlosigkeit, weil man nicht weiß, was man tun soll.

Desinteresse: Beim Desinteresse steht die fehlende Identifikation mit der Arbeit im Vordergrund.

Damit verknüpft sind langfristig angelegte Verhaltensstrategien, die der Arbeitnehmer anwendet, um bei der Arbeit ausgelastet zu wirken und sich Arbeit vom Leibe zu halten.

Eine Unterscheidung ist wichtig: Boreout ist nicht gleich Faulheit. Boreout Betroffene sind nicht faul, sondern faul gemacht. Wer faul ist, will nicht arbeiten, auch wenn man ihn lässt. Wer unterfordert ist, will arbeiten, aber das Unternehmen lässt ihn nicht.

Der Boreout ist paradox:
Die Vorstellung, es sei schön, bei der Arbeit nichts zu tun, ist populär.
Die Wahrheit jedoch ist: Das Absitzen von Stunden, in denen man nichts zu tun hat und einfach auf den Feierabend wartet, ist der blanke Horror.
Genau diese Unzufriedenheit hält der Arbeitnehmer jedoch – paradoxerweise – mit den Strategien am Leben. Diesen Strategien sind dabei keine kreativen Grenzen gesetzt.
Zitat von: http://www.boreout.com

38) „Bond" In therapeutischen Zusammenhängen Ausdruck für tiefe emotionale Verbindung, die an bestimmte gelernte Gefühle gekoppelt ist. Das geheimnisvolle unsichtbare Band, das eine Mutter instinktiv aufwachen lässt, noch bevor ihr Baby schreit oder einen Hund ans Fenster kommen lässt, lange bevor der Besitzer wirklich am Haus ankommt.
More: https://de.wikipedia.org/wiki/Bonding%28Psychotherapie%29

39) Spirit Wash. Von mir abgeleitet von „Green Wash".
Green Wash bedeutet, wenn sich beispielsweise ein Unternehmen aus Absatz- und Trendgründen grün gibt, also ökologisch-nachhaltige Wirkungen setzt, ohne dass da tatsächlich etwas dahinter ist. Oder ein einzelnes Produkt oder Projekt zwar tatsächlich ökologisch nachhaltig ist, der Rest des Unternehmens aber weiterhin sehr schädlich wirtschaftet.
https://de.wikipedia.org/wiki/Greenwashing

„Spirit Wash" nenne ich ein Phänomen, das ich in den letzten Jahren zunehmend beobachten konnte. Inzwischen sind Meditation und Yoga, Sprechen mit Engeln und Geistführer allüberall angekommen und weitaus normaler als noch in den Achzigerjahren des letzten Jahrhunderts, des letzten Jahrtausends, ja, Spiritualität und Beschäftigung mit Bewusstsein gehören schon fast zum guten Ton. Das hat Vor- und Nachteile. Der Vorteil ist: Wir kommen um die Beschäftigung mit unsere geistigen Seite nicht länger herum, wenn wir eine zukunftsfähige Welt gestalten wollen.
Nun gibt es zahlreiche Manager, beispielsweise, die intensiv Vipassana-Meditation betreiben, in der Tiefe, der Stille und bei sich ankommen, um dann zurück in ihr Unternehmen zu gehen, die virtuelle Waffenkammer betreten und sich nun, erfrischt, belebt und aufgeladen noch besser den üblichen Konzernspielen widmen zu können. Für mich ist das aktive Burn-

out-Verschleppung, Burn out hier als notwendiger Weckruf gemeint für eine radikale und ebenso notwendige Kursänderung. Wenn also spirituelle Praxis, Inhalte und Techniken genutzt werden, um noch besser schädliche Verhaltensweisen bedienen zu können, läuft nach meinem Dafürhalten definitiv etwas in die falsche Richtung.

40) Franz von Sales. (François de Sales; * 21. August 1567 auf Burg Sales, Thorens-Glières; † 28. Dezember 1622 in Lyon) war Fürstbischof von Genf mit Sitz in Annecy, Ordensgründer, Mystiker und Kirchenlehrer. Er ist der Patron der Schriftsteller, Journalisten, der Gehörlosen und der Städte Genf, Annecy und Chambéry.

Salesianisch leben heißt auch: Christsein im Alltag ... Kleine Tugenden: Demut, Sanftmut, Geduld, Herzlichkeit, Optimismus. Sales orientiert sich an dem Wort des biblischen Schöpfers an die lebendigen Dinge der Welt, sie sollen Frucht tragen, ein jedes nach seiner Art (Gen 1,11). Jeder ist dazu berufen, seine Frucht zu bringen. Ein Bischof kann und soll nicht leben wie ein Mönch. Eheleute nicht wie Kapuziner und auch Handwerker nicht wie beschauliche Ordensleute, den halben Tag betend. Aber alle Früchte will Gott, jedes nach seiner Art. Franz von Sales schuf eine neue Einheit zwischen Beruf und Religion.

Quelle: Wikipedia https://de.wikipedia.org/wiki/Franz_von_Sales
Zitat konnte ich bisher nicht konkret belegen

41) Carl Gustav Jung (C.G. Jung, * 26. Juli 1875 in Kesswil; † 6. Juni 1961 in Küsnacht) war ein schweizer Psychiater. Er studierte an der Universität Basel Medizin und bildete sich bei Pierre Janet in Paris, Eugen Bleuler und Sigmund Freud weiter. Von 1900 bis 1908 war er als Psychiater in Zürich tätig und führte zusammen mit Eugen Bleuler die Psychoanalyse von Sigmund Freud als Behandlungsmethode in die Psychiatrie ein. Jung kritisierte jedoch Freuds Libidotheorie und spaltete sich deswegen von der Psychoanalyse ab. Er gründete die analytische Psychologie (komplexe Psychologie). 1939 wurde er Professor in Zürich und 1944 Ordinarius für medizinische Psychologie an der Universität Basel. Er wohnte und praktizierte in Küsnacht am Zürichsee, wo er 1961 starb. Die Theorien von Carl Gustav Jung hatten Einflüsse auf viele gesellschaftliche Bereiche (u.a. Theologie, Psychologie, Kunst, Literatur). Er prägte die Begriffe Introversion, Extraversion, Komplex und Archetypus.

Laut C.G. Jung ist der Traum der wichtigste Zugang zum Unbewussten, die Archetypen (unbewusste Grundassoziationen, die durch mythische Figuren dargestellt werden können: z.B. der Vater, der Weise, der Tod, die Göttin etc.) begegnen uns in den Träumen. Ein Hauptaspekt von Jungs analytischer Therapie ist die Individuation (Selbstwerdung), die Begegnung mit „dem Göttlichen in uns selbst". Als Werkzeug zur Erforschung der psychischen Realität gilt laut Jung die innere Erfahrung (sowohl persönliche Erfahrungen als auch menscheitsgeschichtliche Erfahrungen), also das Bewustwerden seelischer Inhalte. Er ging neben einem persönlichen Unbewussten auch von einem kollektiven Unbewussten aus.
Quelle: http://flexikon.doccheck.com/de/Carl_Gustav_Jung
Zitat konnte ich bisher nicht konkret belegen.
42) Richard Kolb, Pfarrer, Autor und Herausgeber
Zitat konnte ich bisher nicht konkret belegen
43) Tenzin Gyatso (gebürtig Lhamo Döndrub (6. Juli 1935 in Taktser, Provinz Amdo, Osttibet) ist der 14. Dalai Lama. Er ist buddhistischer Mönch, gilt als Linienhalter der Gelbmützen-Schule des tibetischen Buddhismus und befürwortet die Rime-Bewegung. Ab seiner Inthronisierung war er, wie alle Dalai Lamas zuvor, Oberhaupt der tibetischen Regierung. Aus diesem Amt zog er sich 2011 zurück, um seiner Funktion als geistliches Oberhaupt den eindeutigen Vorzug zu geben. 1989 wurde er mit dem Friedensnobelpreis ausgezeichnet.
Formelle Bezeichnung ist, in Anlehnung an die Anrede vergleichbarer religiöser Würdenträger, auf deutsch Seine Heiligkeit bzw. bei direkter Anrede Eure Heiligkeit, Tibeter nennen ihn Kundün (Yishi Norbu) (tibet. „Wunscherfüllendes Juwel") oder Gyelwa Rinpoche.
Quelle: Wikipedia: https://de.wikipedia.org/wiki/Tenzin_Gyatso
Zitat von hier: http://www.dalailama.com/messages/world-peace/a-human-approach-to-peace
44) Diese Geschichte habe ich mit unterschiedlichen Quellenangaben gefunden. Von Rumi bis unbekannt. Dieser Text stammt von der Seite der Uni Münster, Fakultät Theologie: http://www.uni-muenster.de/FB2/philosophie/predigten/mitte_c0910.html
45) Die Cherokee: Die im Englischen Cherokee (deutsch Tscherokesen, Eigenbezeichnung Tsalagi (Cherokee-Schrift:), ursprünglich auch Aniyunwiya

(Transliteration: Aniyvwiya) und Anikituhwagi (Anigiduwagi)) genannten Stämme sind heute das größte noch existierende Indianervolk Nordamerikas.[1] Ihr Siedlungsgebiet umfasste ursprünglich das Gebiet vom Ohio River bis hinein in die heutigen US-Bundesstaaten Georgia und Alabama. Mit den Chickasaw, Choctaw, Muskogee und Seminolen wurden sie 1820 zu den fünf zivilisierten Nationen gezählt. Quelle: Wikipedia : https://de.wikipedia.org/wiki/Cherokee
http://www.firstpeople.us/FP-Html-Legends/TwoWolves-Cherokee.html

46) Benjamin Franklin, (* 17. Januar 1706 in Boston, Massachusetts; † 17. April 1790 in Philadelphia, Pennsylvania) war ein nordamerikanischer Drucker, Verleger, Schriftsteller, Naturwissenschaftler, Erfinder und Staatsmann.

Als einer der Gründerväter der Vereinigten Staaten beteiligte er sich am Entwurf der Unabhängigkeitserklärung der Vereinigten Staaten und war einer ihrer Unterzeichner. Während der Amerikanischen Revolution vertrat er die Vereinigten Staaten als Diplomat in Frankreich und handelte sowohl den Allianzvertrag mit den Franzosen als auch den Frieden von Paris aus, der den Amerikanischen Unabhängigkeitskrieg beendete. Als Delegierter der Philadelphia Convention beteiligte er sich an der Ausarbeitung der amerikanischen Verfassung.

Quelle Wikipedia https://de.wikipedia.org/wiki/Benjamin_Franklin
Originalzitat aus: Wer wesentliche Freiheit aufgeben kann um eine geringfügige bloß jeweilige Sicherheit zu bewirken, verdient weder Freiheit, noch Sicherheit."
- *Bemerkungen über die Vorschläge. In: Dr. Benjamin Franklin's nachgelassene Schriften und Correspondenz, nebst seinem Leben. Band 3. Franklin's Leben ersten Theil enthaltend. Weimar 1818 S. 442 books.google (zum „Entwurf, wie eine dauernde Vereinigung zwischen England und seinen Pflanzungen bewirkt werden könnte", Januar 1775, a.a.O.)S. 434 books.google*

47) gefunden in: Porter, Patrick: Entdecke dein Gehirn, Junfermann, 1999

48) William Hutchinson Murray 18. März 1913 – 19. März 1996 war ein schottischer Bergsteiger und Schriftsteller.
 Quelle Wikipedia: https://en.wikipedia.org/wiki/W._H._Murray
Das Zitat wird fälschlich Goethe zugeschrieben. Siehe Link.

49) Pater Willigis Jäger, (* 7. März 1925 in Hösbach), mit dem Zen-Namen **Kyo-un Roshi**, ist ein deutscher Benediktinermönch, Zen-Meister und Mystiker. Zitat aus einem Zeitungs-Interview:
http://www.tageszeitung.it/2013/06/10/was-ist-spiritualitat/